IIV 见识城邦

更新知识地图　拓展认知边界

议程

L’ordre du jour

［法］埃里克·维亚尔 著
（Éric Vuillard）

孟湄 译

中信出版集团 | 北京

给

罗朗·埃弗拉尔
à Laurent Évrard

目录

UNE RÉUNION SECRÈTE

秘密会议

太阳是寒冷的天体。它的心，长着冰刺，它的光，没有宽恕。正是 2 月，树木死去，河道冰封，好像它的源泉不再吐水，好像大海已吞不下更多的河流。时间凝固。早晨，没有一点声响，没有一声鸦鸣，空寂。过了片刻，驶来一辆汽车，又一辆，一阵突然的脚步声，一片看不清楚的身影 。舞台监督击掌三下，大幕不见拉开 。

这一天是星期一，城市在濛濛雾幕下骚动。人们和每天一样去工作，去乘有轨电车、公共汽车，鱼贯而上登到车顶层，在寒冷中怔怔发呆。但是这一年的 2 月

20日[1]不同以往。不过，多数人整个上午都在如砍柴般勤力，他们沉浸于工作——崇高而得体的谎言，他们埋头在一件件小小的忙碌中——那里面集合着一个沉默不语、端正体面的道理：我们生存的全部史诗说到底可以概括为一场勤奋努力的无声戏剧。一天便这样流逝，平静，如常。每人都忙于自己的奔走，在家与工厂之间，在市场与自家晾衣服的小院之间，然后，晚上，在办公室和咖啡馆之间，最后便回到家里，远离体面的工作，也远离熟悉的生活。也是在此一刻，在斯普雷河畔[2]，一群先生乘坐的汽车在一座大厦[3]跟前停下，有人毕恭毕敬地为他们打开车门，他们走下自己的黑色轿车，一个跟一个，穿过大厦沉重的砂岩巨柱。

他们一共二十四人，离河边那些冻僵的树不远，二十四件大衣，黑色、栗色或干邑白兰地色，二十四对有毛料垫肩的肩膀，二十四套西服——上衣、长裤、坎肩，二十四条裤线整齐、裤脚卷宽边的长裤。这群身影走进了国会大厦主席宫前厅。此后很快，国会将不复存在，国会主席将不复存在，再过几年，甚至国家议会也将不复存在，只剩颓垣败壁，青烟袅袅。

此刻，二十四顶毡礼帽摘了下来，露出了二十四枚秃头或白发之顶。走上舞台前，他们有尊严地相互握手。此刻的前厅，犹如古罗马名门望族的隆重聚首，人们彼此间打趣寒暄，体面有加，我们几乎相信眼前将有一场花园派对，开场前一刻，人们稍显僵硬。

二十四条身影严肃地登上前面几级台阶，接着，沿楼梯一级一级向上，有人稍停片刻，以免心脏过于劳累，然后用手抓牢铜质扶栏，继续前行，他们半眯着眼，对优雅的吊灯和拱穹全然不睬，仿佛踏在一堆看不见的枯叶上。有人给他们领路，进去一个小门，然后向右，沿着黑白方格砖地向前，再上三十几级台阶，到达第二层。我不知道这一列人里走在第一位的是谁，说到底这不重要，因为二十四人大约做的是完全一样的事，走一样的路，向右转，走过楼梯的中间层，终于，在他们左侧，有座双扇门向他们大开，他们走进客厅。

文学容许一切，有人这样说。那么，我可以让这群人在彭罗斯阶梯[4]上永无休止地旋转，让他们永远不可能走下去也不可能走上去，永远在同一时间向上和向下行走。其实，这有点接近书籍对我们产生的效果。词语的时光，或密集或流淌，或不可渗入或繁盛茂密，浓厚，细长，颗粒状，把一切运动变为化石，令人惊呆。我们的人物在这座大厦里，犹如身在一座妖气弥漫的城堡，他们将被载入永远。从迈进大厅的那一刻，他们已经被雷劈倒，被石块砸死，被冻成僵尸。厅的大门是敞开的，同时也是关闭的，门楣破旧，已被卸掉、拆毁，或许被重新涂漆。楼梯间四壁锃亮，但空空如洗，吊灯光亮闪烁，然而死气沉沉。我们于同一时刻里在时间中处处存在。阿尔伯特·沃格勒（Albert Vögler）[5]顺着台阶一直上到第一个楼梯平台，他伸出手扶正自己的假领，头上有汗，甚至有汗珠开始往下淌。金色壁灯照在一级级台阶上，他有点头晕，把西服坎肩抻一抻平，解开一只纽扣，扶了一下假领。古斯塔夫·克虏伯（Gustav Krupp）[6]也许已经小憩一刻，他向阿尔伯特说了句同情的话，一小段关于迟暮之年的名句，以示声援。说完便继续向上走去。阿尔伯特·沃格勒待在那里片刻，兀自立于吊灯下，那灯如一束硕大的植物，包了一层金，正中央是一颗巨大无比的灯球。

终于，他们进到小客厅。卡尔·冯·西门子（Carl von Simens）[7]的特别秘书沃尔夫－迪特里希（Wolf-Dietrich）在落地玻璃窗前伫立片刻，任目光懒懒扫着覆盖阳台的薄霜。那是一刻的逃离，溜出人世的后厨房，在薄霜绵软的颗粒间独自一爽。其他人在闲聊，点上一支基督山伯爵雪茄，说说大氅的颜色（奶油色还是青灰色），有的在讲他们偏爱软口味，另外的表示更喜欢重口味，所有人都是大号带骨烤羊腿的信徒。沃尔夫－迪特里希心不在焉地转动着手指上的几枚细金指环；人在窗前，神思如絮，起伏飘动在光秃的树枝间，游荡于斯普雷河上。

几步开外，威廉·冯·欧宝（Wilhelm von Opel）[8]正在欣赏装饰大厅天花板的精致石膏小人，他的大圆镜片眼镜抬起来再低下去。又是一个人物，他的家族从底层的岁月飞步到我们今天。最早的欧宝从布劳巴赫

（Braubach）教区的一个小地主起家，先是推销成堆的长裙、刀斧器具，买卖小块园子地，然后在地方公署做职员，再后来当上地方法官，之后升到第一法官，最后到了那一天，亚当·欧宝（Adam Opel）[9]从神秘的母腹中走出，先是在制锁业摸熟了所有技艺，之后不久设计出一架漂亮的缝纫机，这是家族大放光彩的真正开始。其实，亚当什么都没有发明。之前他去过一家缝纫机制造厂做工，在那里细心观察，忍辱负重，然后对缝纫机做了一些改良。他娶了索菲·施勒（Sophie Scheller）为妻，她给他带来可观的嫁妆，他用了妻名索菲为自己制造的第一台机器冠名。产量从此一路上升。不出几年，使用缝纫机已成风尚，它的制造走向高峰，缝纫机从此真正步入人们的生活。与这一风尚相比，当初这个机器真正的发明者们可谓生不逢时。缝纫机销售稳定之后，亚当·欧宝投入自行车产业。不料某个深夜，一个奇怪的声音从半开的门缝里溜进来；亚当·欧宝感觉自己的心脏十分冰冷，它太冷了。不是缝纫机的发明者们来跟他要发明费，也不是他的工人们来要他们那份利润，而是上帝前来索要他的灵魂；那就只有把它交还。

然而，企业不死，它们不像人，它们不死亡。企业是一具神秘的躯体，它们永远不死。欧宝品牌继续卖自行车，然后卖汽车。创始人去世那年，这个企业已经有一千五百名员工。企业始终在扩张。企业，它也像一个人，所有的血液都涌向头部。人们管它叫法人。法人的生命远远超过我们的生命。因此，在 2 月 20 日那天，当威廉在德国国会大厦主席宫的客厅沉思的时候，欧宝已经是老妪年纪。今天，它是一个帝国中的帝国，它跟老亚当的那些缝纫机只剩下非常遥远的关系。如果说欧宝公司是位非常富有的老太太，其实她已经老到几乎不再被人注意，她从此不过属于一道风景。殊不知现在的欧宝比许多国家的年龄都要大，它比黎巴嫩年长，它甚至比德国还要年长，它也比大多数非洲国家年长；和不丹国相比，仍然是它年长——而不丹国的众神已经在云彩中销声遁迹。

面具
LES MASQUES

我们可以这样一个挨一个地去靠近那二十四位走进国会大厦的先生：紧挨到他们的领口和他们熨贴的领带结，盯住他们小胡子下嚅动的嘴，在他们西服上衣的虎皮纹路间遐想，潜入他们目光愁闷的眼睛，进入那瞳仁——它们像刺人的黄色山金车花，从那里，我们总是找到一扇同样的小门；我们去拽一下门铃的绳子，就会重新回到过去的时光，在那里我们会看到他们丰功伟绩的单调叙述，都是一样的——一个接着一个的操作、美好婚姻、令人生疑的种种行动。

在这个 2 月 20 日，亚当·冯·欧宝的儿子威廉已经永远地刷去了渗进指甲缝的油污，收起了自行车，遗忘了缝纫机，然而他身上依旧带有那么一颗子粒，它凝集着这门望族的全部传奇。六十二岁的他，很轻地嗽了一下嗓子，看看腕上的手表，嘴唇紧闭，眼睛向四下环视。亚尔马·查赫特（Hjalmar Schacht）活儿干得漂亮（此后他很快被任命为德国国家银行行长和政府经济部长）。请看在会议桌前入座的人士：古斯塔夫·克虏伯（Gustav Krupp），阿尔伯特·沃格勒（Albert Vögler），君特·匡特（Günther Quandt），弗里德里希·弗雷克（Friedrich Flick），恩斯特·腾格尔曼（Ernst Tengelmann），弗里茨·施普林格鲁姆（Fritz Spring-orum），奥古斯特·罗斯特尔格（August Rosterg），恩斯特·勃朗迪（Ernst Brandi），卡尔·布伦（Karl Büren），君特·霍伊贝勒（Günther Heubel），乔治·冯·施尼茨勒（Georg von Schnitzler），小胡戈·斯廷内斯（Hugo Stinnes Jr），爱德华·舒尔特（Eduard Schulte），路德维希·冯·温特菲尔德（Ludwig von Winterfeld），沃尔夫–迪特里希·冯·维茨莱本（Wolf-Dietrich von

Witzleben），沃尔夫冈·罗伊特（Wolfgang Reuter），奥古斯特·迪恩（August Diehn），埃里克·菲克勒（Erich Fickler），汉斯·冯·卢文斯汀·楚·卢文斯汀（Hans von Loewenstein zu Loewenstein），路德维希·格劳尔特（Ludwig Grauert），库尔特·施密特（Kurt Schmitt），奥古斯特·冯·芬克（August von Finck），还有施泰因博士（Dr Stein）[10]。眼前乃工业界、金融界之翘楚。此时此刻，人人沉默不语，乖顺谦逊，已经等待近二十分钟，他们面有怠倦，椅背的横梁腾起烟气，微刺他们的眼睛。

几条身影在一面镜子跟前停住，整理领带结，姿势恭敬，那里是小客厅，有人在宽衣。帕拉第奥（Palladio）[11] 在他的《建筑四书》（*The Four Books on Architecture*）中，把沙龙大致定义为接待宾客的房间，那是展现我们生命笑剧的舞台；在著名的戈迪·马林维尔尼宫（Villa Godi Malinverni）[12] 里，有座奥林巴斯厅，裸体的众神在看似颓垣败壁的场景中嬉戏，还有一座维纳斯厅，墙上一个顽童和他的侍从正从画上的一座假门逃跑。走过这两座厅，到达中央大厅，可以看到一道铭言在大门上方，那是一句祈祷词的结尾——“救我们脱离凶恶”[13]。但是在国会主席的宫殿里，在此刻的小型接见会上，要寻找这样一段铭文当然是徒劳；它不在这一天的议事日程中。

高大的天花板下，又是几分钟缓慢过去。人们相互交换微笑。人们打开皮质文件夹。查赫特不时地抬一抬他精致的眼镜，轻搓一下鼻子，伸出舌头在嘴唇边抿一下。客人们都乖乖坐着，把他们鳌虾般的小眼睛朝着大门望去。人们小声说话，中间有人打哈欠。一块手绢被打开，寂静中鼻孔吹出小号声，人们再次正一下衣襟，耐心等待会议开始。其实人们已经熟悉这些了，所有人都身负某些行政或者监督顾问的职责，所有人都是某某雇主协会的成员。且不说这个严肃郁闷的家长制背后那些阴森不堪的家庭会议。

坐在第一排的古斯塔夫·克虏伯用手套轻触了一下自己红润的脸，掏出手绢儿虔诚地咳了一下，他感冒了。随着年龄增长，他薄薄的嘴唇开始显出不很好看的朝下弯的月牙形状。他面带愁容和不安，机械地在手指间转动着一枚漂亮的金指环，陷在他那团希望与算计搅在一起的浓雾里——也许，对于他，这两个词只有一个简单的意义，好像它们已经缓慢地相互磁化到一起。

突然，几扇门发出吱呀响声，地板被踩出咯叽声；有人在前厅说话。二十四只“蜥蜴”立即坐到“后爪”上，个个脊梁笔直。亚尔马·查赫特把唾沫一口咽了下去，古斯塔夫正了一下他的单片眼镜。能听见两扇门背后压低声音的对话，接着，又一片声响。终于，德国国会主席微笑着走了进来：赫尔曼·戈林（Hermann Göring）。这或许会让我们惊讶，对与会者来说却远非如此，说到底，是司空见惯，已成寻常。在生意人的日子里，拥护谁的斗争算不得什么。政界人物与工业家习惯于你来我往。

戈林环绕会议桌走了一圈，跟每个人都寒暄一两句，温厚的手握住朝他伸过来的每一只手。不过，德国国会主席不仅仅是接见诸位。他说了几句欢迎词，然后立刻将话头转到即将到来的选举，日期是 5 月 3 日。二十四只“斯芬克斯”[14]认真听讲。即将开始的选举将具有决定性意义，德国国会主席宣称，制度的不稳定到了该结束的时刻；经济活跃需要安宁和坚定。二十四位先生虔敬地点头。吊灯的电光蜡烛熠熠闪烁，画在天花板上的硕大太阳比方才更见辉煌。如果纳粹党赢得大多数选票，戈林接下去说，这次选举对今后十年，甚至——他笑着补充——对今后的一百年，都将是最后的选举。

座位上传出一片赞许声。同一时刻，厅门发出响声，德国新总理终于走进大客厅。与会者中从未见过总理的人此时很好奇看到他本人。希特勒面带微笑，神情轻松，根本不同于人们的想象，他和蔼可亲，是的，他甚至让人愉快，远远比人们以为的要可爱得多。他对每个人都说了一句感谢的话，给了一个有力的握手。介绍过后，大家都回到舒适的座椅上。克虏伯坐在第一排，一只手指神经质地揪扯自己的小胡子；他背后是法本公司（IG Farben）[15]的两位领导人和奥古斯特·冯·芬克[16]，再旁边，匡特[17]和另外几个人貌似斯文地两腿交叉而坐。有人发出一声很深的咳嗽，一只钢笔帽发出了极轻微的声响。之后，一片寂静。

他们在那里洗耳恭听。讲话内容的实质可以这样概括：我们要结束软弱的制度，远离共产主义的威胁，取消工会，要让每一个老板都成为自己企业的“元首”[18]。报告持续了半小时。希特勒讲完话，古斯塔夫站起身，朝前迈出一步，代表在座的所有人向希特勒表示感谢，他终于给众人厘清了政治形势。总理迅速地围着会议桌转了一圈，然后就离开了客厅。人们都向他致意，彬彬有礼。老工业家们看上去都放松下来。希特勒离开后，戈林又开始讲话，他再次竭力重申他的看法，然后又提到即将到来的 3 月 5 日选举。这是走出当下困境的唯一机会。但是，要进行选举，就需要钱；纳粹党已经没钱了，而选举正在逼近。这时，亚尔马·查赫特站起身，向所有到会者微笑，并发出号召：“先生们，现在请捐款吧！”

这声招呼当然带着一点单枪匹马的感觉，然而对这些人来说，这绝不是什么新鲜事情；他们习惯了贿赂和桌下交易。行贿是大公司预算中不能压缩的一项，这一项拥有好几个名称：游说、年赏、政党支持。大多数受邀者当即每人捐出了几十万马克，古斯塔夫·克虏伯捐了一百万，乔治·冯·施尼茨勒四十万，就这样，纳粹党收获了一个圆满数字。1933 年 2 月 20 日的会议，让我们看到雇主们在历史上独一无二的一刻——面对纳粹，他们做出前所未有的妥协，不过这对于克虏伯们、欧宝们、西门子们来说，不过是企业经营中一个平常的片段，一次寻常的捐款。他们所有人都在纳粹制度后存活下来，并且在日后仍旧根据自己的实力为不同政党提供资助。

但是为了更好地理解 2 月 20 日的会议，抓住其中永久性的实质，我们应当从现在起以这些先生的姓氏来称呼他们每个人。他们不再叫君特·匡特、威廉·冯·欧宝、古斯塔夫·克虏伯、奥古斯特·冯·芬克，在 1933 年 2 月 20 日那个傍晚，在德国国会大厦主席宫里，应该用另外的名字称呼他们。因为君特·匡特是一个匿名，他隐匿的东西完全不同于那个唇上留着小胡须笑容可掬端然而坐的胖家伙。在他身后，有一个截然不同的威严身躯，一个卫士的影子，寒冷，难以猜透，如一尊石像。是的，匡特的脸凸显出他的威严、强势、残忍、毫无个性，这使他像一副面具生硬无情，这副面具比他自己的皮肤更适合他，人们可以从那上面猜出他的企业：AG 蓄电池，后来是瓦尔塔牌（Varta）电池，这个品牌我们都知道。看来法人们都拥有自己的天神阿瓦达，如同古代的众神，他们会随着时间的推移，以各种形式现身，与其他神聚集到一起。

这就是匡特家族的真名，他们的造物主之名。这样说是因为，君特，他和你们和我是一样的，只是一堆血肉和骨头，但是在他之后有他的儿子们，儿子们之后有儿子们的儿子们，他们都会继续坐在“王位”上。人的血肉和骨头会在地下腐烂，而“王位”仍将延续。那二十四个人，不像我们以为的就叫身份证上的名字，他们不叫施尼茨勒，不叫维茨莱本，不叫施密特，不叫芬克，不叫罗斯特尔格，不叫霍伊贝勒。他们叫巴斯夫（BASF）、拜耳（Bayer）、爱克发（Agfa）、欧宝（Opel）、法本（IG Farben）、西门子（Siemens）、安联（Allianz）、德律风根（Telefunken）[19]。这些名字，我们都知道，我们甚至非常熟悉它们。它们就在那里，在我们之间，在我们当中。它们是我们的汽车，我们的洗衣机，我们的闹钟-收音机，我们的房屋保险，我们手表的电池。它们在，无处不在，以物的形式。我们的日常也是它们的日常。它们医治我们，制作服装给我们，提供光明为我们，在全世界的公路上运送我们，温柔地哄着我们 。2 月 20 日在德国国会大厦主席宫里的那二十四个人，不过是这一切的代理人，是大工业的教士；是普塔[20]的司铎。他们站在那里面无表情，如同地狱门口的二十四台计算器。

UNE VISITE DE COURTOISIE

礼尚往来

种模糊暧昧的习性把被动无为、充满畏惧的我们交给了敌人。从此，这桩骇人听闻的事件被我们的历史书反复地论述，要让光明照进，让道理讲话。事情是这样：工业与银行界的最高教士们皈依教会之后，反对派被逼失声，制度上唯一够得上资格的对手是外国列强。于是帝国对法国和英国的调门儿逐渐提高，有几次摆出姿态以示其威，同时混杂着几句好言好语。英国对兼并萨尔[21]、莱茵地区重新军事化，还有秃鹰军团对西班牙格尔尼卡的轰炸[22]表达过两次不满，并表示了几次纯粹走形式的抗议。接着，1937

年 11 月枢密院议长哈利法克斯伯爵（Earl of Halifax）[23] 接受了赫尔曼·戈林的邀请，以个人名义前往德国，当时戈林的头衔是：航空部长、空军总指挥、帝国森林部长与狩猎部长、帝国国会（已经不存在）主席、盖世太保创立人。这已经很多了。这位哈利法克斯喜欢抒情，语言犀利，因反犹而名声大噪，胸前勋章累累，却反应麻木，丝毫没有感到事情蹊跷。我们不能说哈利法克斯被一个搞阴谋的人玩的恶作剧捉弄了，说他没有注意到戈林那副纨绔公子的装束，那一大堆头衔，那谵妄症般的阴险黑暗的辩术，那副脑满肠肥的皮囊，不是的！ 2 月 20 日会议已经过了很久，纳粹完全到了肆无忌惮的地步。而且，哈利法克斯还和戈林一起打猎，说说笑笑，共进晚餐；后者在该表现温文尔雅的时候绝不惜花费力气。戈林大概曾经梦想当一名演员，而后来他干的就是这个行当，只是以他自己的方式。戈林肯定喜欢跟哈利法克斯勾肩搭背，甚至跟他来几句调侃——你这个老哈利法克斯，戈林也会当着他的面胡来几句，话中有话，让人尴尬，比如旁敲侧击地提到性。

他的狩猎部长会给他围上沾着雾气和尘土的披肩吗？要知道，哈利法克斯伯爵跟那二十四位工业和金融界的伟大教士一样，对戈林还是略有所知的，应当了解一点他参加军事政变的历史，他对奇异军服的喜爱，他的吗啡瘾，他在瑞典被拘留的事件，他极严重的暴力倾向，他的医生的确凿诊断（此人患有精神抑郁、精神混乱，并有自杀倾向）。哈利法克斯不会相信戈林是在“一战”中开过飞机、受过飞行洗礼的英雄，是做过降落伞销售的生意人，是个老兵。哈利法克斯他不是天真汉，也不是那种做事马虎的人，他知道太多的事，他不可能不对这次出游感到奇怪。有一部纪录短片为此作证，我们在其中看到，他与戈林两人在野牛公园散步，戈林神情放松，慷慨激昂地大谈舒适生活。哈利法克斯当时不可能没有注意到，戈林在帽子顶上插了一根小羽毛，大衣领是一条皮草，领带格外滑稽。也许哈利法克斯的确热爱狩猎，就像他的老爸，既然他在绍尔夫海德（Schorfheide）[24]很开心，他不可能没有看见赫尔曼·戈林的皮上衣和腰间的匕首，他不可能没有听见戈林那些裹在油腻笑话里的阴森影射。他也许还看到了戈林拉弓射箭，一身街头卖艺人打扮，看到了那些被戈林驯养的野兽，那头小狮子怎么过来舔主人的脸。即便他根本没有看到这些，即便他跟戈林连一刻钟的交谈也没有过，他至少也应该听说过，戈林在自家地下室安装了一套庞大无比的儿童玩具小火车轨道系统，他肯定也听到过人们交头接耳议论的一堆堆极诡异极愚蠢的事情。哈利法克斯，这只老狐狸，他不是没有看见戈林那家伙谵妄而自大的癫狂举止；他甚至可能见过他驾车时怎样突然间松开敞篷车的方向盘在风中嘶声喊叫！是的，他绝不可能没有揣摩过那张肥胖发肿的面具后面令人恐惧的脑瓜仁儿。况且，他已经见过元首，难道也什么都没看出来？好一个哈利法克斯！他毫不理会艾登（Eden）[25]的保留态度，甚至向希特勒示意：关于德国对奥地利和捷克斯洛伐克部分领土的要求，英国国王陛下并非认为完全不合理，但是，要有一个前提——我们要通过和平协商实现。他哈利法克斯不是一个粗野之人，但是，下面这一段小故事让我们嗅到这个人物的特有气味。他被人送到贝希特斯加登[26]，在那里下了车。哈利法克斯伯爵望见汽车旁边有一个人影，他以为是名侍官。他想象那人朝他走过来是为了服侍他上台阶。大门朝他打开，他把大衣朝那人递过去，马上，冯·纽莱特或者另外一个人，也许一个侍从，对着他的耳边厉声说："元首！"哈利法克斯伯爵抬起眼睛。果不其然，是希特勒！他竟然把希特勒当作了侍官。因为元首没有扬起鼻子，哈利法克斯在后来的回忆录《充实岁月》（*Fullness of Days*）中这样提到这个小插曲：他一开始只是看到裤腿，裤腿再往下：一双皮鞋。此处的语调含有讽刺，哈利法克斯伯爵试图让我们笑起来。我不认为这里有可笑之处。一位英国贵族，一名外交官，骄傲地站在一小排先人身后，耳朵聋得要让人吹号，愚蠢的程度令人发指，思想狭隘得如同他的贵族领地，让我感到不自在的正是这些。哈利法克斯家族第一位尊贵的子爵作为政府的大臣不是曾经在整个任内坚决反对给爱尔兰增加任何援助吗？而那次饥荒导致一百万人死亡。

第二位尊贵的子爵是哈利法克斯的父亲，他曾经是国王的贴身男仆，私下热衷于收集鬼怪故事，他死后这些故事由他的一个粉丝儿子发表出来。哈利法克斯可以把自己隐藏在这一切的背后吗？他自己提到的笨拙举动没有什么非凡之处，这不是一个老眼昏花者的粗心大意，而是一种社会性失明，是傲慢。反之，如果谈及思想，哈利法克斯倒没有卖弄高雅。谈到他和希特勒的会晤，他在给鲍德温（Baldwin）[27]的信中写道："民族主义和种族主义是强大的力量，但是我不认为它们有违自然，也不认为它们背离道德！"此后不久，他还说："我毫不怀疑：这些人真正地痛恨共产主义。我想告诉您：如果我们设身处地，我们会有同样的感受。"这是我们今天仍旧称之为绥靖政策的前奏。

INTIMIDATIONS
恫吓

前面是礼尚往来。然而，此前在11月5日，距离哈利法克斯伯爵来跟德国人讨论和平还有十几天，希特勒就已经对他的军事首领们表示，他计划依靠军事力量占领欧洲部分土地，首先是入侵奥地利和捷克斯洛伐克。因为我们德国的地域太狭窄，我们永远不能达到欲望的最深处，于是我们把头转向看不见的地平线。“生存空间”在当时并非什么新鲜理念，在妄想狂的混乱脑筋里，只消一小块蛊惑意念，形势便可以朝着不可逆转的斜坡滑下去，既然曾经有黑格尔欢呼的人民精神，还有谢林（Schelling）[28]心灵融合的梦想，有赫尔德（Herder）[29]的狂热，还有费希特（Fichte）[30]的论述。当然，这个会议被当成秘密保守着，但我们依然可以隐约感觉出哈利法克斯到来之前柏林的气氛。11月8日，在他去访问的九天前，戈培尔（Goebbels）在慕尼黑主持了一个重大的艺术展览，主题是“永恒的犹太人”，这就是当时的背景。谁也不可能对纳粹的计划和他们毫不隐讳的意图视而不见。1933年2月27日，发生了国会纵火案[31]，同一年，达豪集中营[32]建成启用，同一年，对精神病患者实行绝育；第二年，长刀之夜[33]；1935年，颁布拯救德意志血液与尊严的法律，进行种族特征统计；已经是无以复加了。

在奥地利，德国的野心日益彰显。身高一米五的总理陶尔斐斯（Dollfuss）[34]窃取了所有权力，1934年被奥地利纳粹分子暗杀。他的继任者许士尼格（Schuschnigg）[35]继续独裁政治。德国多年来实行虚伪的外交政策，搞了一系列卑鄙的谋杀、恫吓和引诱行为。在哈利法克斯访问德国之前三个月，希特勒的调门提得更高。奥地利国的小暴君许士尼格被召去巴伐利亚，自此，强权时期开始，地下操作终止。

1938年2月12日，许士尼格前往贝希特斯加登与希特勒会面。他一身滑雪装束抵达火车站，出行理由是参加冬季运动。在他的滑雪装备被放上火车时，维也纳正一片欢腾。那天是狂欢节；历史上最最快乐的日子就这样跟最最昏暗的日子重叠在一起。小号、游行方阵、最后的烟花……演奏的那首曲子是从施特劳斯一百五十支华尔兹中选出的，无限优雅美妙，糖果漫天飞洒。维也纳的狂欢节当然不如威尼斯和里约的狂欢节著名，没有那么漂亮的面具，也没有那么疯狂的万众舞蹈。不。维也纳的节日不过是很多舞会。但是，它毕竟是一个盛大的节日。天主教机构和各个行业协会都出来组织很多娱乐活动。此刻奥地利在走向生命终结，它的总理一身滑雪装束消失在黑夜里，一场载入历史的旅行开始了，奥地利在他身后，歌舞升平。

早上，萨尔斯堡火车站只有一队宪兵。天气潮湿寒冷。汽车载着许士尼格先是沿飞行空地行驶，然后上了国家公路；随着汽车的颠簸，他任思想飘浮游荡，与白霜般的雪片融在一起。无论何种生命，总有苦难孤独；无论什么道路，都有忧思愁绪。离边界近了，许士尼格突然开始不安，他感觉到自己站在真相的边缘；他紧盯着前面司机的脑袋。

边境到了，来迎接他的是冯·帕彭（von Papen）[36]。帕彭有一副优雅的长脸，总理稍稍放心。他正要上汽车，冯·帕彭告诉他将有三位德国将军参加会议——“您不会觉得有何不妥吧，我希望。”帕彭这样说，口气里全不在意。以这种方式进行威慑，显然过于低劣。最为粗暴的做法总是让人无言以对。还敢说什么？我们内心深处总有一个过于礼貌过于腼腆的存在代替我们做出回答，那个回答与我们应该说的恰恰相反。这样，许士尼格不做反对，汽车又上路了，好像什么事都不曾发生。他把死人一般的目光转向车外，一辆军用卡车超过他们的汽车，卡车后面是两辆党卫军冲锋队的装甲车。奥地利总理被一股强烈的不安攫住。他到这个马蜂窝里做什么来了？车开始慢慢攀登，朝着贝希特斯加登。许士尼格紧盯着松树的尖头，努力把住自己的不自在。他沉默不语。冯·帕彭也不说一个字。汽车很快就到了贝格霍夫（Berghof）[37]，大门自己打开，自己关上。许士尼格感觉自己掉进了一个可怕的陷阱。

L'ENTREVUE DU BERGHOF
贝格霍夫会晤

上午近十一点，几番寒暄过后，阿道夫·希特勒办公室的门在奥地利总理身后关上了。于是开始了有史以来最为诡异最为离奇的一场戏。我们只有一个人的作证，它来自库尔特·冯·许士尼格。

在他的回忆录《奥地利安魂曲》中，这是最为痛苦的一章。这一章开头先是引用了托尔夸托·塔索（Torquato Tasso）[38] 的一段名句，一点小小的卖弄。叙述从贝格霍夫的一扇窗户开始。奥地利总理在德国元首邀请下入座，两腿时而交叉，时而放开，他很不自在，感觉自己好像陷入麻木，身上无力。刚才的焦虑依旧持续，它仿佛悬在天花板的方型木板下，隐在扶手椅下面。此刻的许士尼格不知如何是好，他扭过头，看了看窗景，然后热情地说：在这间办公室大概举行过很多决定性的会晤，希特勒马上打断他的话："我们在这里不是要说窗外景色，也不是要说天气如何。"许士尼格感到身体从头到脚变得僵硬；他试着打起精神，说了一通勉强而又愚笨的大话，他重述了那个可怜的1936年7月奥地利—德国条约，仿佛他此行只是为了搞清楚其中一些暂时的微小的难点。最后，总理带着绝望的热情，紧紧抓住那个条约的诚意，仿佛那是一只救生圈，奥地利近年来对德意志实行的是一个绝对德意志的政策！阿道夫·希特勒等的就是这个。

"啊！许士尼格先生，您管这个叫德意志政策？恰恰相反，您所做的一切都是为了回避德意志政策！"希特勒发出号叫。许士尼格做了一番笨拙的说明，希特勒更是怒火万丈："且不说奥地利从来没有做任何为帝国服务的事情。贵国的历史就是一场从未停止的背叛。"

许士尼格的双手顷刻间全都是汗；会晤的房间在他眼里变得奇大无比！然而一切看上去仍是安静的。扶手椅的布料质地俗气，椅垫给人感觉太软，房间里的细木壁板整齐划一，灯罩沿吊了一圈丝绒小圆球。突然间，许士尼格感觉自己孤立于寒冷的草丛中，在冬日的天空下，独对群山。窗户变得出奇的巨大。希特勒用他发灰的眼睛看着许士尼格。后者重新把两腿交叉在一起，扶正眼镜。

直到这时，希特勒一直称许士尼格“先生”，而许士尼格，不为所动，始终称对方“元首”；希特勒把许士尼格推到带刺的玫瑰上，许士格尼为了给自己辩护，自诩执行的是一项德意志政策；此刻德国元首对奥地利国出言不逊，甚至嘶声喊叫，称它对德意志历史的贡献等于零，而许士格尼，容忍，斯文，非但没有当机立断转身离开，反而像一名好好学生，继续在自己的记忆中绝望地搜索奥地利对德意志历史做贡献的事例。他极度心慌意乱，以最快的速度，在过去的世纪里摸来找去。但是他的记忆空空荡荡，世界空空荡荡，奥地利空空荡荡。元首的眼睛依然顽固地盯着他。绝望使他难堪，他能找到什么？贝多芬！路德维希·范·贝多芬，那个坏脾气的聋子，那个持有共和主张、孤独而绝望的人。就这样，奥地利总理库尔特·冯·许士尼格从自己的节节后退中找出了贝多芬，这个酗酒者的儿子，这个皮肤有些黝黑的男人；而他自己，出身小贵族，满脑子种族歧视，一向畏首畏尾的许士尼格，居然从历史的口袋里跳了出来，突然间神气活现起来，像是举着一块白布头在希特勒眼前晃来晃去。可怜的家伙！他去找一位音乐家来对抗谵狂，他搬出《第九交响曲》来抵挡军事侵略，他拿着《热情奏鸣曲》的三个小音符来表明奥地利曾经很好地在历史中扮演过角色。

“贝多芬不是奥地利人”，希特勒回答他，回过来的这一句令人意想不到：“他是德国人。”确实如此。许士尼格甚至没有想到这一点。贝多芬是德国人，这无可非议。他出生在波恩。而波恩，不管用哪种方法来看，就算小心地拽平桌布，就算翻遍所有的编年史，它也从来都不是奥地利的城市，从来都不是。波恩离奥地利跟巴黎离奥地利一样远！就是把贝多芬说成罗马尼亚人，甚至乌克兰人，也不算很远。要是这么讲，那他为什么不是克罗地亚人呢？或者马赛的？要是都算上，马赛离维也纳不算远。

“是啊，”许士尼格支吾着，“但是奥地利收养了他。”说到底，我们离国家元首级的会议已经距离太远了。

那是一段阴沉的时间。终于，会晤结束。要一起进午餐。他们并肩走下楼梯。在走进贝格霍夫的餐厅前，许士尼格被一幅俾斯麦[39]的肖像画惊呆了：伟大宰相的左眼皮无情地耷拉下来，目光冰冷，心灰意懒；皮肤看上去已经松弛。众人走进餐厅，一一入座；希特勒在中央，奥地利总理面对而坐。午餐平常有序。希特勒好像很放松，甚至喜欢讲话。他以一种幼稚的热情，讲起他将在汉堡架起一座“世界最大的桥梁”。然后他补充了一句，大概他控制不住自己，他还要很快建起“世界最高的摩天大楼”，他要让美国人看到德国的建筑比美国的更高更大。午餐后，众人一起到了客厅。年轻的冲锋队员送上咖啡。最后，希特勒起身告辞，奥地利总理立刻像一名坑道里的士兵，狠命地抽起烟来。

我们能看到的许士尼格的所有照片展现出的是两副面孔：一副傲慢、威严；另一副多一些胆怯、内敛，接近于爱幻想。在一张著名的照片上，他的嘴唇紧闭，神情恍惚，身体的姿势里有一种放弃和崩溃。那是1934年，在日内瓦他的某所公寓里拍摄的。许士尼格站着，也许有些不安。表情里有一种软弱和举棋不定的东西。可以说他手里拿着一张纸，但是图像不很清楚，底部有一个黑点模糊了图片。如果细心地看，会看到他的胳膊掀起了上衣口袋的背衬，隐约还可以看到一个奇怪的物体，也许是一株绿植，它从右边进入照片的方框。但是我所描述的这张照片，没有人知道，要去法国国家图书馆的版画和图片部才能看到。我们所看到的照片已经过修剪和重新剪裁。所以，除去几个负责收藏、归类和维护文档的专业人员之外，没有人看到过许士格尼的上衣口袋被翻过来。没有人看到过那个奇怪的东西（一株植物或者我也说不出的什么东西）——它在图片的右侧，没有人看到过那张纸。照片被剪裁后，给人一种完全不同的印象。它具有了一股官方的意味，一种得体的东西。只需要去掉几毫米的无意义部分，去掉一小块真实，就使奥地利总理原本有点惊惶的神态看上去多了几分威严；好像把现场缩小一点，去掉一些乱七八糟的元素，让注意力更加集中在他本人身上,就给许士尼格增加了密度。这就是叙事的艺术，任何东西都不是无辜的。

但是现在，在贝格霍夫，不可能谈论什么密度或者什么得体。在这里，为了得到想要的东西，只有一个取景框有价值，只有一种说服方式有意义，只有一种方法行得通——制造恐惧。是的，在这里占上风的是恐惧。示意性的礼貌，有节制的权威，所有的表面功夫，全都收场。在这里，贵族小地主在发抖。他首先搞不明白的是，有人竟然以这样的方式跟他许士尼格讲话。这次会晤后不久，他向身边的某个人吐露，他当时感觉挨了一顿臭骂。然而，他没有离开，没有表现出任何不满。他抽烟。一支接着一支地抽烟。

漫长的两小时过去了。到了十六点，许士格尼和他的顾问被请进旁边一个房间与里宾特洛甫（Ribbentrop）[40]和冯·帕彭会晤。他们向他介绍了一部新条约的几个条款，说这是元首所能做的最后让步。新条约要求什么？它要求——空洞而无意义的措辞——奥地利和第三帝国就两国共同关心的问题进行协商。它要求——麻烦从这里开始——国家社会主义思想在奥地利被允许，阿图尔·塞斯-英夸特（Arthur Seyss-Inquart）[41]，纳粹分子，被任命为内政部长，并享有全部权力——令人发指的干涉内政。它还要求任命费施波克博士（Dr Fischböck），众所周知的纳粹分子，加入政府。然后，它要求释放奥地利所有在押纳粹分子，包括罪犯。它要求给所有国家社会党官员和军官恢复过去的权利。它要求立即在两国军队中互换一百多名军官，它要求任命纳粹军官格莱泽-霍斯特瑙（Glaise-Horstenau）担任奥地利战争部长。最后它要求——最后的侮辱——撤掉奥地利宣传部所有领导成员。并且，这些措施要在八日内生效。作为交换条件（高尚的让步），“德国再次承认奥地利的独立以及它对 1936 年 7 月协议的遵守”，而这个协议之前已被架空。接下来，在我们刚才读过的所有内容之后，是一句耸人听闻的结束语：“德国放弃对奥地利国内政策的任何干涉。”我们以为在做梦。

于是讨论开始了，许士尼格试图缓和德国的要求，但是他首先要挽回自己的面子。双方在细节上翻来覆去，可以说像水塘边的蛤蟆，眼对眼，牙对牙，互相掣肘。最后，经过艰苦的讨价还价，里宾特洛甫同意修改三个条款，把一些毫无意义的改动放入文本。突然，讨论中断：希特勒让人来叫许士尼格。

办公室浸在灯光里。希特勒跨着大步走来走去。奥地利总理再次感到不自在。许士尼格刚刚落座，希特勒就咄咄逼人地开始讲话，声称他只同意做最后一次努力来讲和。“这是我们的计划”，他说：“没有谈判可言。我不会改变其中任何一个逗号！或者您签字，或者就不要继续交换意见了。今天夜里我就要做决定。”元首拿出了最严肃最阴森的表情。

现在，奥地利总理许士尼格面对的是自己被羞辱或被赦免。他会对这个平庸的诡计做出让步并接受最后通牒吗？身体是发泄快感的工具。希特勒的身体狂热地晃动。它僵直，如同机器人；它散发毒素，像咳出的一口痰。希特勒的身体曾经深入人们的梦和意识，我们可以在时光的阴影里重新看到它：它在监狱的墙壁上，它趴在犯人的帆布床底下，它在犯人刻下的那些身影上，因为那些身影在他们大脑深处跟他们纠缠不休，它无所不在。也许在希特勒把他的最后通牒扔到许士尼格头上的那一刻，由于时间与空间的任性搭配，世界的命运在那短短一刻，仅仅那一刻，落在了库尔特·冯·许士尼格的双手里；也许在几百公里外瑞士的巴莱格（Ballaigues）老人院里，一位叫路易·苏特（Louis Soutter）[42] 的老人正在一张桌布大的纸上用手指画出一支晦暗的舞蹈。他的笔下，黑色的太阳在世界的地平线上滚动，一群丑陋可怕的玩偶扭动摇摆。它们跑着，向四下逃散。骷髅、鬼魂纷纷从薄雾里出现。可怜的苏特。那时他已经在那家老人院度过了十五年，十五年来他把自己的焦虑倾泻在纸上，那些纸其实是他从字纸篓里捡来的破纸头和旧信封。当欧洲命运悬于贝格霍夫之际，苏特的那些晦暗的小人儿像铁丝般扭曲盘结，在我看来，正是它们在预示某种东西。

苏特是从外面回到自己国家的，外面，是离家很远的地方，是世界尽头，当时他的精神状况一败涂地令人担忧。在那之后，他的生活极其狼狈。在旅游季节，他去有歌舞表演的茶室演奏音乐。疯子的名声开始跟随他到处漫游。深深的忧郁印在他的脸上。后来，他被送进巴莱格老人收容院。有时候，他会逃离那里，过不久人们把瘦弱不堪几乎被冻死的他再送回来。他在自己房间的高处堆了一张又一张绘画，一大摞素描，画的都是黑色的人，畸形者，高大的令人心悸的残废者。他在乡野长时间走路，他骨瘦如柴，脸颊深陷，颧骨凸起，牙齿全部掉光。关节炎使他的手完全变形，他连画笔或毛笔都握不住了，眼睛几乎失明，他开始用手指沾了墨汁作画，那是将近 1937 年。他年近七十。他画出了自己最好的作品。他开始画整队的黑色身影，骚动，狂热。看上去像淌血的葡萄串。还有飞舞的蝗虫。这样狂烈的骚动驻在路易·苏特的精神里，如同一种纠缠，使他深陷恐惧。如果我们去想一想那个时期的欧洲，他周围的世界，他住在汝拉山区巴莱格老人院的漫长岁月，我们可以认为，他笔下溪流般漂游的扭曲痛苦的各种姿势的黑色身躯，那些如长串项链的尸体，都在预言着某种东西。我们可以说，可怜的被封闭在自己疯癫中的苏特，或许他并不知道，他在用自己的手指把自己身边正在缓慢死亡的世界拍成电影。我们可以说，老苏特在让全世界列队而过，一辆可悲的灵车，后面是一世界的幽灵。一切正在化为火焰和浓烟。他把自己扭曲的手指蘸上小罐里的墨汁，然后交付给我们他的时代枯死的真相。一场巨大的死神之舞。

在贝格霍夫，我们离路易·苏特很远，离他独特的腼腆，还有巴莱格的食堂都很遥远。在贝格霍夫的工作是低下的。苏特此刻也许正在把他扭曲肿胀的手指伸进墨汁罐，许士尼格则在那里定定地瞧着阿道夫·希特勒。他在后来的回忆录里说，希特勒对人有一种魔法般的控制力。他还补充说："元首用一种磁力把别人都拉到了他那里，然后极为粗暴地把他们推开，使他们掉进深渊，那是无底的深渊。"我们看得出来，他极力辩解，不吝笔墨，而那些辩解是旁人无法理喻的。无非是给自己的软弱找一个理由。总之，他说帝国总理是一个超自然的人物，是戈培尔一直努力通过宣传让我们看见的那个虚幻，是令人恐惧的有神灵感应的造物。

最后，许士尼格让步了。甚至比让步更多。他先是支支吾吾，然后声称现在他准备签字，但是他差点儿忘掉一条异议，这是最不好意思开口、最容易让人忘记、最温和的一条："我只是想让你们注意到"，他的口气里带着可以让人觉察到的软硬兼施，这大概使他的表情稍有变化，"这个签字对你们来说不意味任何进步。"此刻，他大概津津有味地欣赏着希特勒的一脸震惊。他一定在品味自己将有可能逃脱噩运的高傲心情。是的，他一定高兴了，但那是另外一种高兴，或许就像一只小蜗牛对自己软塌塌的犄角所能有的那种高兴。是的，他痛快了。他做了这番回答，接着是一片漫长的寂静。许士尼格感受到自己的不可战胜，尽管微乎其微。他开始在椅子上晃动身体。

希特勒的目光里露出一丝窘态。这是什么意思？“根据我们的宪法”，许士尼格带着满腹学问的腔调继续加码：“国家最高的权威，是共和国总统，他有权任命政府成员。大赦也是他的特权。”就是这个意思，我许士尼格不满足于向阿道夫·希特勒让步，我要让另一个人来掩护我。此刻，这个小官僚的权力受到侵害，他要拉上别人一起担当。

更为奇怪的是希特勒的反应。这一回轮到他支支吾吾了：“那么您有权力来……”好像他不明白发生了什么。宪政制度下的反对派权利，他对这是陌生的。他为了宣传自己，一贯努力维护自己的冠冕堂皇，此刻却显得有些不知所措。宪政权利如同数学，不能作弊。他继续支支吾吾：“您应当……”许士尼格这时可以真正地享受他的胜利了；终于，他制住希特勒了！他用自己的权利，自己学过的法律，自己的学士资格，把希特勒制住了！好呀！这个无知的小动乱分子被出色的律师搞定了。是的，宪政法律是那些小白蚁、小地鼠根本不会懂的，不，那是总理们，真正的国家级人物才能领略的。因为，先生！一条宪法法规如同一棵大树或一道警察防线，它可以阻挡你的路！

这时，希特勒激动到极点，猛然拉开办公室的门，在门厅里号叫起来："凯特尔将军！"然后他转身朝许士尼格说："我过一会儿让人去叫您。"许士尼格走出办公室，门在他身后关上。

在纽伦堡审判中，凯特尔将军（Keitel）[43]叙述了后来发生的情况。他是唯一的见证人。将军走进希特勒的办公室，后者简单说了句请坐，自己也坐了下来。在神秘的木门后面，元首没有跟他说一句话，只是一动不动坐在那里，一声不响。没有人走动。希特勒陷入思索，凯特尔坐在他旁边，一言不发。可以说元首把凯特尔视为一名小卒，仅此而已，他只是这样用一下这枚小卒。因此，事情看起来实在令人奇怪，在漫长的几分钟里，所谓的商量，其实根本没有。一点都没有。至少这是凯特尔说的。

在此时刻，许士尼格和他的顾问担心有更糟的事情发生。他们甚至想过他们可能被逮捕。四十五分钟就这样过去了……他们跟里宾特洛甫和冯·帕彭一起继续机械地讨论协议条款；有什么用呢？希特勒已经声称他不会改动哪怕一个逗号。许士尼格认为要不惜一切代价让形势看上去仍旧正常，这也许是他安慰自己的方法。他于是继续表现得俨然一副出席国家首脑会议的样子，好像他仍旧是一个主权国家的代表。事实上，他不过是努力避免让当时的艰难处境被认为已经官方通过，这会使局面变得无可挽回。

终于，希特勒让人叫去库尔特·冯·许士尼格。此刻，神秘的游戏艺术出现了：一阵冷气过后吹来一阵热风，谈话的声调从前一幕进入后一幕，障碍突然消失。“我决定了，这是我生平第一次，改变我已经采取的决定。”阿道夫·希特勒说道。他仿佛给了对方一份巨大无比的恩惠。这一刻，希特勒也许在微笑。强盗和疯子的发笑恐怕威力难敌；在这样的时刻，人大概只是期盼和平，只是希望尽可能快地结束苦难的根源。在充满精神折磨的两折戏中间，此刻的一个微笑大概具有特殊的魔力，犹如一线青天。“不过，我向您再说一遍”，希特勒加了一句，神秘的口气再增了些分量：“这可是最后一次努力了。我等待这个协议在三天后开始实施。”这就是说，不仅什么都没有改变，不仅已经获得的那些细节修改全不算数，连最后通牒的惯例期限也被毫无理由地缩短五天。许士尼格，他竟然一声不吭，照单全收，仿佛赢得了一个让步。然而事实上，在耗尽全部力气之后，他最终接受的协议，比第一个协议还要糟糕。

文件都被送去秘书处，人们客套地继续交谈。希特勒现在称许士尼格“总理先生”，事情做到绝处。最后，双方在打字员做出的文本上签字，帝国总理向许士尼格建议一起用夜餐。许士尼格婉言谢绝。

COMMENT NE PAS DÉCIDER

如何不做决定

后来的几天，德军开始了威慑性行动。希特勒给自己最优秀的将军们下令，要他们开始为入侵进行模拟备战。非同寻常的是，尽管整个军事史上的各种骗局已为人熟知，这次的骗局却是另外一种性质。这次的圈套不是战略或者战术的某一方面，不是，当时还没有任何人进入战争，它是一个简单的心理手腕，一场威胁。想象一下德国将军们在准备表演进攻，实在令人惊奇。他们让摩托车的油门轰轰作响，启动了螺旋桨，把空载的卡车派去边境附近。

在维也纳，奥地利总统米克拉斯（Wilhelm Miklas）[44]

的办公室里，恐惧与日俱增。军事行动果然奏效。奥地利政府真的以为德国人这一次确实在准备入侵。人们开始想象各种疯狂场面。于是有人认为如果让出希特勒出生的城市因河畔布劳瑙（Braunau-sur-Inn），让出它的一万名居民、它的渔夫泉、它的小医院和它的几个啤酒馆，也许会使希特勒安静下来。好吧，就把他老家那个小城送给他吧，还有他老家那所有贝壳形楣窗的漂亮房子。算是送给他一小块回忆，叫他别再来跟我们捣乱！许士尼格不知道还能再发明些什么来保住自己的官位。他害怕入侵即刻发生，他恳求米克拉斯接受那个任命阿图尔·塞斯-英夸特为内政部长的协议。这个阿图尔·塞斯-英夸特又不是什么妖怪，许士尼格这样向他保证，这个纳粹是温和派，一个真正的爱国者。而且，说到底大家都还是名门出身啊！事实上，这个纳粹分子阿图尔·塞斯-英夸特跟许士尼格这个被希特勒吓得要命的小专制者差不多是朋友。大学学法律的时候他们在一起，两人都翻阅过查士丁尼法典中的《法学阶梯》（*Les Institutes*），一个写过一篇很博学的读书笔记，论述没有主人的事物——这是从古罗马继承来的一个法学神秘课题；另一个做过一篇教会法论，此文引起人们注意，并且遭到过反对，我忘记是在哪一点上。还有，他们都疯狂地热爱音乐。他们都是布鲁克纳（Bruckner）[45]的欣赏者，有时会在首相府的办公室里谈起后者的音乐语言，就是那个召开维也纳会议[46]的地方。在那条长廊里，穿着尖头半筒靴的法国人塔列朗（Talleyrand）[47]也曾走过，拖着他那条工于诽谤的长舌。许士尼格和阿图尔·塞斯-英夸特在梅特涅（Metternich）[48]的阴影下谈论着布鲁克纳，这个梅特涅也是个干和平的专业户；那时，他们两人还经常聊起安东·布鲁克纳虔诚简朴的生活。讲到这个话题，许士尼格总是眼光模糊，声音低哑。他也许想到了他的第一任妻子，那场可怕的车祸，那些充满内疚和伤心的岁月。阿图尔·塞斯-英夸特则习惯抬起他金龟子般的小眼镜，沿着大厅的窗边踱步，嘴里唠叨着长长的句子。他小声地说，布鲁克纳曾经被拘留三个月，真是可怜；许士尼格于是把头低下；阿图尔·塞斯-英夸特若有所思，脑门儿上不知道哪条青筋鼓了起来，他接着讲：安东·布鲁克纳总是很长时间很长时间地散步，总是去数一片片树叶，带着秘密而贫瘠的激情，从一棵树走到另一棵树，充满焦虑地看着树木越来越多，心里遭受无限折磨。他也经常数街上的地砖石，楼房的窗户，如果他和某位女士交谈，会忍不住去数对方脖子上的项链珠。他也数自家那只狗的毛，过路人的头发，天空里的云彩。人们说这是一种强迫症式的神经官能症。因为有一股干火在消磨他，所以，阿图尔·塞斯-英夸特用眼睛盯着大厅里的吊灯补充说“布鲁克纳用无声的冷笑把他的音乐主题孤立起来。他的交响乐仿佛有一种非常高深考究的搭建，各个主题在其中有规律地更迭。”“在他的音乐里，我们能发现，”他把手搭在楼梯扶手上，低声继续：“他的和弦并列极有特点，它们都遵从一个极有逻辑极为坚定极难撼动的基础，这使他不可能最终完成他的《第九交响曲》。他有两年不得不放弃了他的最后乐章；他不断地修改，改到无休止的程度，有时甚至为一个小乐段就留下十七个版本。”

许士尼格大概被这个令人疯癫、充满犹豫和修改的音乐体系迷住了。也许这也解释了为何阿图尔·塞斯-英夸特和他两人最喜欢乃至超越一切的是谈论布鲁克纳的《第九交响曲》。宏伟的铜管，令人惊骇的休止符，接着，小号宛若风起，然后是那一刻——小提琴缓缓吐出它的一颗颗血色星星。除了布鲁克纳，他们时常谈到的还有富特文格勒（Furtwängler）[49]。富特文格勒额头很高，神态温柔，极具音乐家气质，还有他那支小指挥棒，在他手里活像一根小树枝。最后他们会说到尼基什（Nikisch）[50]：尼基什曾经在理查德·瓦格纳的指挥下演奏贝多芬，尼基什指挥时动作非常简单，却能让乐队演奏出最为丰富的音响，好像他能以一个微小淡定的动作从作品深处释放出乐谱上的一个个墨黑符号；他曾经受到李斯特的指引；他以往的尊师中还有萨列里，是神给他送来贝多芬、莫扎特……许士尼格和阿图尔·塞斯-英夸特两人可以一直谈到昏头昏脑的地步，他们去猜测海顿，进而去探讨最为冰冷的苦难。因为海顿在成为人所熟知的永无休止的作曲家之前，在他创作那些歌剧、交响乐、弥撒曲、清唱剧、协奏曲、进行曲和舞曲之前，曾经是个苦孩子。海顿的父亲是制作大车的工匠，母亲是厨娘，海顿曾经是在维也纳石板路上尝遍艰辛的流浪汉，被人请去为葬礼或婚礼演奏。但是这种苦难不在他许士尼格和阿图尔·塞斯－英夸特的属地，当然不是，他们更喜欢选择走到另外一个路口，去和李斯特一起漫游美丽的欧洲。

对阿图尔·塞斯－英夸特来说，他的漫游的终点比许士尼格要悲惨很多。在克拉科夫[51]和海牙任职后，这个“可怜的”帮凶的生涯在纽伦堡审判厅告终。当然，在法庭上他断然否认一切。他，让奥地利并入第三帝国的主要演员，却声称自己什么都没有做；他，接受了党卫军将军荣誉的人物，竟声称什么都没看见；他，曾经担任希特勒政府不管部部长的人，居然说从没有人告诉过他什么事；他，曾经任波兰副总督的人，曾经卷入对波兰抵抗运动的野蛮镇压，公然辩解说他没有下过任何命令；他，后来成为第三帝国派驻荷兰总督的人，纽伦堡法庭的判决显示，曾经下令处决四千人；他，曾经剥夺所有犹太人官员职务的真诚反犹主义者，他，相当了解荷兰对犹太人政策（该政策致使将近十万犹太人死亡）的人，竟然声称自己对该政策毫无所知。现在轮到他来听号角吹响——这次的号角是为他吹响，而他竟然重新摆出律师的派头给自己辩护，他拿出一份又一份文件，在一大摞证据中煞有介事地看来看去。

1946年10月16日，他五十四岁。这个埃米尔·扎伊蒂赫校长的儿子（他放弃了自己本来的姓，给自己起了更接近德国人的姓氏）在摩拉维亚的斯坦乃恩（Stannern）度过了童年，九岁时搬到维也纳。在纽伦堡，他走到了深渊的边缘。他在单间牢房里度过了几个星期。房间里，一盏刺眼的电灯日夜照着，仿佛一个冰冷的太阳。在一个夜里，他被告知他的最后时刻到了。他迈着摇摇晃晃的步子走下几级台阶，跟在一些人后面列队而行，他是最后一个——另外被判刑的九人先被执行，最后轮到他，跟在引路人后面跌跌撞撞。在一个看似仓库的房子里，立着几座T型支架，里宾特洛甫是第一个。里宾特洛甫不再有以往的那副傲慢，也不再有贝格霍夫谈判时那股毫不退让，死亡的临近已经把他击垮。此刻他是一个瘸腿老头。

然后是其他八个人，最后轮到了阿图尔·塞斯－英夸特。他朝着行刑者迈出一步。约翰·C. 伍兹是他生命最后的见证人。探照灯下的阿图尔·塞斯－英夸特好像一只被灯光晃了眼的蝴蝶,突然间撞见伍兹的胖脸。有一份医学报告用了自相矛盾的术语描述过伍兹其人，称他患有功能减退——话说回来，这样的苦差谁能受得了？有人说这家伙是酒鬼，而且爱吹牛。还有人说他有过十五年的忠诚服务，在他屠夫生涯的最后，曾有一次，在喝了十几杯威士忌酒之后，他吹嘘说自己亲手绞死过三百四十七个罪犯，这个数字遭到他人否认。让我们回到十月这一天，可以说自从他干这个行当以来，已经吊死了很多人。有一张照片，也是在 1946 年的一天，他与助手约翰·理查德（也是一个用绳子和口袋的家伙）协作，执行了三十多个犯人；图片上左边一排人是伍兹执行，右边的归理查德。这个理查德在第三帝国时期处决了几千人，美国人为了自己的需要，把他招募了。伍兹这张脸色发红的肥胖面孔（死亡在最后时刻献出它的所有），便是阿图尔·塞斯–英夸特的领路者，带他走向生命终结。

于是这个阿图尔·塞斯–英夸特开始寻找自己的词语；它们在哪儿？沙龙里海阔天空的闲扯，政令，法庭上的论据，全都结束了！只剩下一句话。一句毫无意义的话。那几个词语那么可怜，单薄得可以透见天光，而且结束的方式真是离奇："我相信德国。"伍兹用一件斗篷盖在他脸上，一根带扣的绳索套住他的脖子，然后，机关开动。阿图尔·塞斯–英夸特突然消失在洞里，在废墟世界的中央。

UNE TENTATIVE DÉSESPÉRÉE

绝望的尝试

我们还在 1938 年 2 月 16 日。离最后通牒期限还差几个小时。幽禁在总统府的米克拉斯已经做出让步。谋杀陶尔斐斯的杀人犯们被赦免，阿图尔·塞斯－英夸特被任命为内政部长。党卫军冲锋队在林茨大街上举着大旗游行。奥地利在纸上已经死亡，倒在德国人的控制之下。但是，如人们所见，这里丝毫没有噩梦的浓黑，也没有恐怖的绚丽。只有勾结与欺骗的油腻外貌。没有暴力的高峰，没有可怕的非人性语言，只有威胁，突如其来；只有宣传，喋喋不休，水准低俗。

几天过后，许士尼格出乎意料地发怒了；被逼迫的协议如鲠在喉。他做出最后一搏——向议会宣称：奥地利是独立的，退让不能再继续下去。事情开始恶化。纳粹党成员跑到街头散布恐惧。警察按兵不动，因为阿图尔·塞斯-英夸特已被任命为内政部长。

最糟糕的是苦闷挣扎的人们，是那些佩戴袖章（军事标记）的保安队员，那些被夹在虚假的两难处境里的年轻人，他们把自己的热情挥霍在一场可怕的冒险中。现在，奥地利小专制者许士尼格在打最后一张牌。哦！其实他知道，任何牌局都有个关键阶段，一旦越过，事情就无法挽回，就只能眼看着对手大把打出他们的好牌，眼看自己手里的那一把牌被收走：大王，小王……所有没能及时打出的王牌，所有被他揣揣不安攥在手里暗中发疯地希望不要丢掉的好牌。因为许士尼格他什么都不是，他什么都没有肩负，他不是任何人的朋友，他不代表任何希望。而所有的缺点他都有，他一身贵族的傲慢，满脑迂腐的政治观念。八年前，他充当了一小群天主教半军事化青年的领袖，他曾经在自由的尸体上舞蹈，现在他不可能指望自由此刻会突然飞来相助！他的黑夜不会被任何一道阳光突然划破，他的幽灵面孔不会看到任何微笑前来鼓励他完成最后的使命，他的嘴不会说出一句大理石般的语言，不会吐出一丁点儿的恩泽，不会放出哪怕一丝唾沫星子的光亮，他什么都没有。他的脸也不会被泪水淹没。许士尼格，他充其量是牌局中的一员，伎俩平庸；他甚至似乎相信了德国邻居的诚意，相信那些协议的忠诚——到头来，人家连协议都据为己有。现在惊慌失措，为时晚矣！于是他重新提起那些曾被他讥笑的（权利与自由）的女神，他要求为一个名存实亡的独立争取可笑的承诺。他一直拒绝面对真相。但是现在，真相朝他走来，已经很近，可怕，无法避免。现在，真相把他一次次让步的痛苦秘密朝他的脸狠狠啐去。

于是，溺水者做了最后一个动作，他去找工会和社会民主党寻求支持，后两者遭到禁止已有四年。面对将至的大难，社会党人同意给他支持。许士尼格立即提出建议：就国家独立举行公民投票。希特勒大为光火。3

月 11 日星期五，凌晨五点，许士尼格被贴身佣人叫醒，这是他一生最漫长的一天。他把脚放在木地板上，地板冰凉。他穿上拖鞋。来人向他报告：德国军队开始了大规模行动。萨尔茨堡边界已经关闭，德国和奥地利之间的铁路运行停止。一条蛇潜入黑暗。生命疲惫，变得不可承受。他突然觉到自己已经太老，老到令人恐惧；不过，他将有很多时间来思考这一切：第三帝国把他关了七年监狱，他有七年的时间来问自己，当年他成立那个天主教半军事化小组是不是做对了？他用七年来弄明白，到底什么是真正的天主教，什么不是，来把光明与灰烬做出区别。尽管他享有一些特权，但监禁毕竟是场可怕的考验。盟军把他解放后，他终于能为自己安排平静的生活。好像我们每一个人确有可能一生过两种日子， 好像死亡的游戏可以摧毁我们的思索，好像在七年的阴影下他曾经问过上帝“我是谁？”，上帝告诉他“你是另一个人”——就这样，奥地利前总理去了美国定居，成了一名模范美国人，一位模范天主教徒，一介模范大学教师，他在圣路易天主教大学讲课。要是再多努力一把，他就可以穿着睡袍去和那位大名鼎鼎的马歇尔·麦克卢汉（Marshall McLuhan）[52]畅谈古登堡的银河星汉了。

UNE JOURNÉE AU TÉLÉPHONE
一整天电话

快到上午十点，法兰西共和国总统阿尔贝·勒布伦（Albert Lebrun）签署批准了一项政令——博若莱葡萄酒产地名称管理法（这就是著名的1938年3月11日令）。他的目光顺着办公室高大窗户的木窗扇看过去，他问自己埃莫兰日（Emeringes）和普兹利（Pruzilly）两地的葡萄酒是不是配得上用这个葡萄酒产地名。外面在下雨，雨珠敲在玻璃窗上，仿佛一只初学者的手在弹钢琴，阿尔贝把签好的政令放在一摞文件上，杂事太多！他拿起另一份文件，关于下一年国家彩票的预算——这大概是他入职以来签署的第五或者第六份政令，因为有些政令重新转回到他这里，就像雨燕每年飞回来落在河滨道的大树上，有的干脆落在他的办公桌上；阿尔贝·勒布伦在巨大的台灯罩下胡思乱想，脑中只有一己之念；同一时间在维也纳，许士尼格总理收到阿道夫·希特勒的最后通牒：要么撤消他的公民投票计划，要么德国入侵奥地利。没有任何商量。道德沉思该结束了，现在要擦去彩妆，脱下戏服。漫长的四个小时静静地流过。十四点，终于！放弃了午饭的许士尼格，取消了公民投票。终于！可以回到往常了：去多瑙河边散步，听古典音乐，随便地闲聊，再不就去德梅尔酒店（Demel）或是萨赫（Sacher）店[53]里买些甜品。

不。魔鬼比他更贪婪。现在希特勒提出要许士尼格辞职，由阿图尔·塞斯－英夸特代替，就任奥地利总理。他要这个！“简直是噩梦！真没个完了！”当年，年轻士兵许士尼格曾在意大利被俘，那是第一次世界大战，他大概更有可能读葛兰西，而不大会去读爱情小说。那么他也许应该读到这样几行：“当你和一个敌人交谈，你要试图钻到他皮肤里面。”但是他从来没有钻到任何人皮肤里面，他顶多是为陶尔斐斯拍马屁多年，后来穿上了后者的制服。站在对方的位置去思索？他甚至不明白这样做到底能把他带到哪里去！他从来没有体会过被压迫的工人们，被逮捕的工会成员们，遭受酷刑的民主人士们的感受；那么现在，他该做的是进到魔鬼的皮肤里去体会点东西！他犹豫不决。这是他最后时刻的最后一分钟。然后，他像以前一样，投降！他，号称力量与宗教的代表，秩序与权威的代表，请看！人家要他做什么他就去做什么。只要不跟他客气就行。然而，他曾经坚定地对社会民主党的自由说“不”。对新闻自由说“不”，而且勇气十足。对维持选举制度下的议会说“不”，对罢工权利说“不”，对集会权利说“不”，对除去自己政党外的其他政党说“不”。可是，战争以后，做了以上事情的同一个人被密苏里州圣路易天主教大学聘请，当上了政治学教授！他当然知道政治学的某一块，这毋庸置疑，既然他能对所有的民众自由都说“不”。因此，那短短一刻的犹豫过后（一群纳粹狼借此机会进了政府内阁），那个曾经坚定不移的许士尼格，那个说“不”的人，那个靠否定一切来实施专制的人，现在却转过身来，颤抖着嗓音，红着鼻头，眼泪汪汪，向德国人软弱地说“是”。

终于！事情都做完了，许士尼格在回忆录里这样对我们说。尽可能安慰自己吧。他去了总统府，其实他心里已经松下一口气，惨败已成事实，但是自己可以放下心了。他向共和国总统威廉·米克拉斯提交了辞呈。恰在此刻，形势给人一个意外——米克拉斯拒绝他辞职。这个出身邮局职员家庭的人被搁在共和国总统的位子上原本是为了装装门面，他只是作为一个担保人，他在所有仪式中从来都只是客客气气地站在陶尔斐斯总理旁边，后来他站在许士尼格旁边。现在，这个笨蛋竟然如此作为。他妈的！许士尼格给戈林打了一个电话，戈林回答说他受不了这帮奥地利混蛋了，这事别来打扰他！但是希特勒不这么想；米克拉斯必须接受这个辞呈，暴君往往都需要装模作样地走一下形式，好像要给人一个印象他们并不想破坏程序，实际上他们从来腾云驾雾无视一切。可以说，强权还满足不了他们，他们还要另找开心，他们要让对面的敌人们给他们最后一次恩惠，完成权力仪式的表演，而此时此刻翻倒这个权力程序的正是他们自己。

这个 3 月 11 日确是漫长的一天。嘀嗒，嘀嗒，米克拉斯办公桌上方大挂钟的指针一丝不苟地做着啄木鸟般的微小工作。米克拉斯不是勇将，他曾经任凭陶尔斐斯在奥地利建立他的小型专制，因此他无需说一个字总统的位子就为他留下。有人说，米克拉斯在私下里谈到过违宪行为，并且曾经提出过批评。（真会做事！）然而，这个米克拉斯是个不可思议的家伙，此时是最恶劣的时刻，3 月 11 日快到下午两点，圣上的一支小蜡烛开始让所有人下跪，许士尼格满世界拱手让步，“是，是，是”，这个米克拉斯却出来说“不”。过去他对几个工会人士不说“不”，对一小群报纸老板不说“不”，对一帮客气的社民党议员也不说“不”；现在他跟阿道夫·希特勒竟然说“不”。好一个米克拉斯，有料。曾经这么不起眼，曾经只管跑龙套，曾经在五年里为已经故去的奥地利共和国充当总统，这一刻，他反而挺身抗拒。凭着他脸盘饱满的显赫身份，还有他的拐杖，他的笔挺服装，他的圆顶礼帽，他的金链怀表，他不再唯唯诺诺。人，从来是不定的；一个卑微可怜的人突然间跑进自己内心深处狠命挖掘，他在那里面找到的是一股荒诞的反抗力量，一只小钉，一枚硬刺。于是，这个原本看上去没有原则的家伙，这个毫无自尊的糊涂蛋，此刻凛然直起身躯。可惜！他没能坚持多久。但毕竟作了反抗。对米克拉斯来说，这一天很长。

先是承受了好几个小时的压力，最后，他做出让步。那伙纳粹终于松了一口气，那些人本来是开着坦克来走红地毯的，却非要米克拉斯表示允许。“好吧，许士尼格可以辞职，行吧，这事我不反对了。”这个反悔让人吃惊。尤其是，他同意后不一会儿，十九点三十分，许士尼格刚刚被历史遗忘，纳粹刚刚放下心来准备开一瓶气酒庆贺阿图尔·塞斯－英夸特即位，这个好人米克拉斯在十九点三十一分整，走来拽着那些人的袖子说，虽然他同意了让那个笨蛋许士尼格辞职，但是，他坚决拒绝任命阿图尔·塞斯－英夸特。

已经到了二十点。德国人，如历史教科书所讲，坚持不顾一切地维护他们的表面，他们想的是不去惹怒国际社会（而后者显然对此毫无怀疑）。终于德国人对威胁米克拉斯感到厌倦了，决定采取行动。算了，如果阿图尔·塞斯－英夸特不能当总理，那么就让他以内政部长的名义来帮忙。为了让国防军越过奥地利边界而不给人违背国际法的印象，他们让阿图尔·塞斯－英夸特邀请德国人来自己美丽的国家，而且要冠冕堂皇，要马上来！噢，那当然，他不过是个部长，但是，米克拉斯不愿意任命他做总理呀。所以就要打破规则。非要骑着宪政法律这匹马可是没大用处，时机刻不容缓，什么都不能超越和对抗这一点。

于是，德国人等待阿图尔·塞斯－英夸特的召唤，他应当向纳粹发一封电报，请他们强力支援。到了二十点三十分，没有任何动静。气泡酒在高脚杯里已经没了泡沫。天哪，这个阿图尔·塞斯－英夸特，他在干什么？德国那边的人都希望事情快一点，他还不快点写他那个电报短信，大家好去吃晚饭呢。希特勒已经按捺不住了，他已经等了好几个小时！大概已经等了好几年！于是，二十点四十分整，暴怒到极点的希特勒下达命令入侵奥地利。算了！管他阿图尔·塞斯－英夸特发不发邀请。可以不要嘛！管它什么权利、宪章、宪法、条约！管它什么法律！法律不过是些所谓讲规范、抽象、宽泛、无人称的小害虫，是《汉谟拉比法典》[54]的成群妻妾，她们号称对所有人一样，其实都是些婊子！既成事实难道不比那堆权利来得更结实吗？我们就是要不经任何人准许入侵奥地利，我们的行动是出于爱。

无论如何，入侵令一旦发出，那些人还是心里犯嘀咕：有个形式上的邀请还是更妥当吧。于是起草了一个电报，就是他们希望收到的那种行文：爱情真是深厚，所以就干脆把他们渴望得到的直接口述给自己的小情妇，让她们写成小纸条。三分钟过后，阿图尔·塞斯－英夸特收到电报文稿，他得把这个发给希特勒。如此一番，通过很微妙的反向努力，入侵者摇身一变，成了受邀嘉宾。得把面包变成肉躯，把葡萄酒变成鲜血。但是，又一个意外来了：极擅长点头哈腰的阿图尔·塞斯－英夸特好像并不完全准备出卖奥地利。时间分分钟流去，电报迟迟不来。

漫长的商榷在走廊里开始了，不时有人耸一耸沉重的肩膀，时间已接近子夜。至此时刻，纳粹已经占据了奥地利政权的中枢部门，阿图尔·塞斯－英夸特始终顽固地拒绝签署电报，维也纳城里的疯狂仍在继续，闹事者杀人作乱，制造火灾，喊叫声四起，犹太人被揪着头发拖在地上，街道布满碎瓦残骸；此时此刻，伟大的民主国家们好像什么都没有看见，英国已经入睡，鼾声安详，法国做着美梦，所有人都不理不睬。最后，老米克拉斯违心地任命了纳粹分子阿图尔·塞斯－英夸特为奥地利总理。最大的灾难经常是挪着小碎步宣告自己到来。

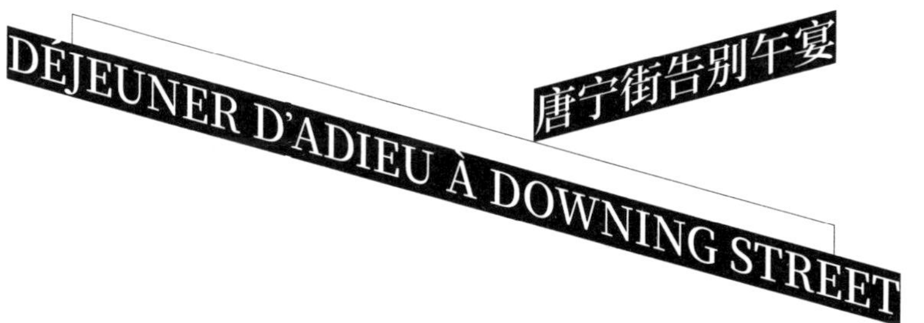
DÉJEUNER D'ADIEU À DOWNING STREET
唐宁街告别午宴

第二天，在伦敦，里宾特洛甫受英国首相张伯伦邀请，这是为他举行的告别午宴。这位第三帝国驻英大使在英国工作数年后获得晋升。此后，他将就任帝国外交部长。这次他回伦敦几天时间，为向大家告别，并且交回房屋钥匙。据有人说，张伯伦在战前拥有几套公寓，房客当中曾经有里宾特洛甫。从这件微不足道的小事，我们看到的是人与其形象的冲突，值得一再琢磨：凭此租约，“出租人”内维尔·张伯伦，以获取“房租”为条件，承诺保证约阿希姆·冯·里宾特洛甫安心享用出租人在伊顿广场的住宅，没有人就此去设想这一租赁行为背后可能产生的任何微小后果。在接连听到坏消息的时刻，看到恶劣行径的关口，张伯伦收着租金，生意总要做下去。没有人从这当中看出任何不正常，对这一小块属于古罗马法权的东西，没有人关注其中哪怕最微小的意义，丝毫没有。反之，如果一个倒霉鬼被判盗窃，那么他之前参与过的所有殴斗都会被指控，他之前做过的所有事情都会突然间被一件件地大声披露。然而，如果事情牵涉张伯伦，便要谨慎而行，要做事得体。这样，张伯伦的绥靖政策不过是一个令人惋惜的错误，他是租房人这一点只是在大历史的页脚被注明而已。

午宴刚开始，气氛轻松愉快。里宾特洛甫讲起了他最在行的体育，然后开了几个玩笑，接着又说起网球带来的快乐；亚历山大·贾德干爵士（Sir Alexander Cadogan）[55]彬彬有礼地听他讲。于是他先大讲发球，这个裹着白色毡毛的小圆球，它的寿命非常之短，他强调了一句，甚至长不过一场球赛！然后他说到比尔·蒂尔登（Bill Tilden）[56]，说他的发球简直就是半个上帝，蒂尔登在20世纪20年代的网球赛中叱咤风云，将来也不会有人达到他的水平。蒂尔登在五年中没有输过一场比赛，而且连续七年捧回戴维斯杯。他有一种被人称为炮弹式的发球，而且他的身体绝对是天生为他的漂亮球技准备的：高个头，身材颀长，宽肩膀，大手。里宾特洛甫没完没了地讲，带着非常有味道的小道消息和插曲，听起来活色生香。比如，蒂尔登在最初得胜时期，有一截手指在手术中被截去；因为他很不幸把手指头在烤架上搞脱了皮。手术后，他竟然打得更加出色，好像那一小节手指头是一个自然选择的错误，现代的手术把它纠正了！但是蒂尔登尤其是个战略家——里宾特洛甫强调，他一边说着一边用口巾擦了擦嘴——他写的那本书《草地网球的艺术》对网球学来说是思考的金矿，如同奥维德（Ovid）[57]的《爱的艺术》谈爱情。尤其是，比尔·蒂尔登很放松，非常非常放松。而且优雅，他的反手球就像是一番鞠躬行礼。但是，在网球场上，他是绝对的君主，没有人能够战胜他，即便他的敌手夺得胜利，即便他某天过了四十岁，他也会保持身居第一的荣耀，因为在他参加的所有比赛中，蒂尔登永远有一种居高临下的气概。这样的叙述是他里宾特洛甫的精彩之处，他年轻时代的同学们这样友善地形容过他。接着，里宾特洛甫讲起他自己，他的网球技艺。贾德干爵士此刻大概真的受不了这些网球故事了，但坚持微笑着倾听帝国部长的故事。张伯伦夫人从午餐一开始就中了圈套，只能礼貌地忍受这一堆堆的讲话。现在，里宾特洛甫说到他年轻时在加拿大的生活，他那时打球穿白衬衫和白长裤，脚上那双轻便鞋在网球场上真是不舒服，他发球实在要靠意志。说到中间的时候，他甚至站起身来摆出姿势发出一个高球，差一点撞倒一只杯子，幸好他及时把杯子扶住了，看上去像是在开一个玩笑。然后他又重新讲起蒂尔登，讲到 1920 年有一万两千多人看蒂尔登的球赛，这在当时绝对是创纪录，就是在今天这个数字也足以让人震惊。尤其是，里宾特洛甫强调了好几次，在很长的时间里，他始终是 number one（第一），他一直保持着 number one 的地位。上帝保佑，菜肴送上餐桌，可以抵挡他一下。

上来的头盘是冰鲜夏朗德（Charente）[58] 小甜瓜，里宾特洛甫把餐盘里的食物一吞而尽，对美食连一星半点的欣赏都没有。主菜是卢昂小母鸡，吕西安·唐德雷（Lucien Tendret）做法 [59]。丘吉尔对菜肴特加称赞，大概是借此取笑一下里宾特洛甫，同时对着贾德干爵士幽他一默。然后丘吉尔继续向帝国部长问起网球。这个比尔·蒂尔登他不是曾经在百老汇当过演员么？还写过两本很差劲的小说，其中一本叫什么《幽灵之路》（*La route fantôme*），另一本是《锐气消损》（*Le Punch dégonflé*），或者这类的，对吧？里宾特洛甫竟然不知道这些。他对蒂尔登的其他很多故事都一无所知。

午宴继续。帝国大使看似悠然自在。阿道夫·希特勒就是在那帮纳粹党人中注意到他这副自在，他有那么一种老派的优雅，加上他的彬彬有礼，而那些纳粹党人完全是一帮匪徒罪犯。他的高傲态度跟一种极致的奴颜婢膝结合得完美无缺，凭着这个他被推上众人向往的外交部长席位；于是在那个时期——1938 年 3 月 2 日，在唐宁街的他爬上了命运最高峰。他的职业生涯从进口玛姆和波默里香槟酒[60]开始，希特勒派他去伦敦是为了给帝国做院外游说，打探那边人的心思，并且七七八八地收集些消息回来。在那个混乱时期，他从没有停止告诉希特勒英国人处在没有能力做出反应的状态。里宾特洛甫一直鼓励元首继续他最为鲁莽的行动，吹捧他富有煽动性的粗暴倾向。这样，他便一步一步登上纳粹的荣誉台阶，其实，希特勒背地里管他叫“香槟酒小贩子”。即便在社会最阴险的摧毁者脑袋里，偏见竟然也如此顽固不化 。

饭局到了一半，丘吉尔在他的回忆录里这样讲述，一个由外交部派来的人走了进来。也许人们都在专心享用最后一根鸡腿，或者已经进到菜单上的下一道——白奶酪小煎饺配柠檬水，要不就叫白奶酪小甜点：二百克面粉，一百克黄油，一到两个鸡蛋，手指尖捏一点盐，一点糖，四分之一升牛奶，粗面粉，水——这是菜谱。这一道的配肴恕不细说。那一时期的唐宁街经常用法国菜谱，英国首相内维尔·张伯伦讲究吃法餐。说起来也是，为何不谈厨艺呢？那本《罗马帝王纪》（*L'Histoire Auguste*）[61] 里有的地方就讲到过在古罗马参议院那个时代，人们也是花好几个小时讨论多宝鱼的调味汁。刀叉起起落落之际，外交部信使悄悄把一个信封交给贾德干爵士。饭席陷入沉默，稍有尴尬。贾德干爵士阅读的神态很是认真。慢慢地，人们重新开始说话。里宾特洛甫表现得像没事一样，有两三回他低声向女主人说些恭维之言。贾德干爵士站起身，把文件送给张伯伦。看上去他刚才阅读的内容既没有使他吃惊也没有引起不快。他在思索。张伯伦开始阅读，显然被内容抓住。里宾特洛甫仍继续闲聊。甜品刚上完，浇汁草莓，名厨埃斯科菲耶（Escoffier）[62] 的做法。这一道堪称享受。众人都沉浸于美食，贾德干爵士手拿那份文件回到自己的座位。丘吉尔用一向俏皮的眼睛瞟向张伯伦，发现他眉头中间有一道深深的沟，他明白对方又多了一份担心。里宾特洛甫完全视而不见，他大概完全沉浸在荣升部长的喜悦中。这时，张伯伦夫人请大家到沙龙落座。

咖啡送了上来。里宾特洛甫开始聊起法国红葡萄酒，这是他的专长，就这样，无精打采的交谈被他继续拖长。为了突出不知道是哪一句话，他站起身，仿佛手里举着一只看不见的高脚香槟酒杯，他站在自己那看不见的玻璃金字塔顶峰，颇有风度地举杯致辞。那只看不见的香槟酒杯带着清凉爽气，看不见的香槟酒正好在六度，理想温度，他用甜食餐刀轻轻敲打着酒杯；他的头微微摇动，笑容可掬。外面下过雨，树木淋湿了，人行道路面发着暗光。

张伯伦夫妇表现出不耐烦，但是用了很礼貌的方式。有一个欧洲强国的部长在场，这样的会客场合时间是不可以缩短的。要有分寸，需要找个机会退场。很快，宾客们大概也都感觉到发生了什么事情，张伯伦和夫人在悄悄说着话，这使在场的主角们——贾德干，丘吉尔和夫人还有其他几个人——有越来越被什么东西裹紧的感觉。于是，先有几个人离开。里宾特洛甫夫妇仍在那里，对场面的尴尬毫无意识，尤其是里宾特洛甫本人，好像这个告别的宴会使他陶醉，让他失去了最起码的分寸。众人都已失去耐心。仍旧保持礼貌，不作外露。大家当然不能把主宾推到门外；应该是他自己明白他最好离开客厅，穿上外衣，重新上到他那辆带有纳粹十字标记的奔驰车里。

然而，里宾特洛普什么都没有明白，一点儿都没有；他还在聊。他的夫人也过来和张伯伦的夫人起劲儿地说话。气氛变得荒诞不经；主人那边有细微的声调变化，他们的不耐烦几乎看不出来，但是真正讲究礼貌的人可以察觉。在这样的时刻里，众人都在想我们是不是疯了，或者我们太守规矩了，在我们看来已经感觉到的那种尴尬对面那个人到底察觉到没有。可那个小脑壳是一个封闭的器官。人的眼睛是不会背叛思想的，那些看不大出来的面部表情旁人往往无法阅读；我们以为自己整个身躯是一首诗，使我们为之燃烧，然而我们的邻人连其中一个字都不理解。

突然，张伯伦鼓足一口气，对里宾特洛甫说："请您原谅，有一件要事需要我去一下。"这是有点儿唐突，但是他没有找到别的方法来中止眼前的事情。人们都站起身，多数宾客向主人致谢后马上离开了唐宁街。里宾特洛甫夫妇跟着最后一拨人迟迟不走。又是一段很长的闲聊。没有人提起贾德干和张伯伦在席间阅读的那份文件，它好像一张附了鬼魂的纸飘在人们当中。有一句台词众人都想听到却无人知道，它才是这场诡异的滑稽戏的真正脚本。终于，里宾特洛甫把他那套索然无味的社交作秀全部演完，所有人都退出了。其实，这位昔日的戏剧爱好者正在大历史舞台上扮演他的一个秘密角色。他曾经是滑冰手、高尔夫球手、小提琴手，这个里宾特洛甫是个无所不能的玩家！什么都玩得来。所以他有本事把一场官方宴会拖得无比漫长。这人如同一个随军小丑，一个让人奇怪的家伙，无知和细微感同时混杂在他身上。据说他会犯可怕的文法错误，冯·纽赖特（von Neurath）[63]曾对他使坏，因为里宾特洛甫那个时期给元首起草的文件都由冯·纽赖特经手，后者特意不去纠正文稿中的错误。

最后的客人也都走了，里宾特洛甫夫妇这才离开。

司机为他们打开车门，夫人很优雅地提起裙摆，两人钻进车里。此刻他们真实地露出无限喜悦。夫妇俩为他们刚才耍弄众人的手法感到十分开心。他们当然明显地注意到，张伯伦读过外交部带来的那份文件之后，显出万分焦虑。他们当然非常清楚其中的内容，里宾特洛甫夫妇给自己制定了任务：让张伯伦，也让他的部下们，尽可能多地丢失时间。他们其实就是为了这个原因才无限拖延那场午宴，然后拖延在客厅里的交谈，一直到了不可理喻的地步。此刻，张伯伦没能去处理迫在眉睫的国务，他被网球的故事和马卡龙小点心拖住。张伯伦太过友好的礼貌被里宾特洛甫夫妇拿来耍弄了。这种礼貌几乎是病态，为礼貌竟然在危机当头的时刻把国家利益置于一边，这礼貌使首相被有效地调虎离山。事实是：外交部带来的那份文件，那种在没完没了的饭局上缓缓弥漫的神秘感，其中包藏的是一个可怕的消息：德国军队刚刚进入奥地利。

闪电战
BLITZKRIEG

3月 12 日上午，奥地利人狂热地等待纳粹到来，沉浸在无尊严的快乐中。在当时的很多电影里，我们看到无数人伸出手臂行纳粹礼，在自己小店铺的柜台前，在市场的小货车前。观望的人群遍地都是：踮起脚尖张望的，登上房子高处的，站在矮墙上的，爬上电灯杆的，不管什么地方，只要能看见。但是，德国人却让他们久久等待。上午过去了……下午也过去了，好奇怪；有一刻听到了巨大的摩托车声，小旗子于是摇动起来，人们的脸上显出笑容，“他们到啦！他们到啦！”叫喊声四处响起。瞪得大大的眼睛紧盯着沥青马路……

结果什么都没有。众人继续希望，渐渐地，开始累了，胳膊垂下来；又过了一阵，人们跑到草地上坐下来开始聊天。

12 日晚，维也纳的纳粹党人准备举着火把欢迎阿道夫·希特勒到来。仪式将会激动人心，宏伟壮丽。可是一直等到很晚，也没有人影出现。大家不明白出了什么事。男人们喝开啤酒，唱起歌，使劲地唱，但是很快就没了劲头，隐隐有些失望。这时，三名德国士兵下了火车。有过短短一刻，众人欢欣鼓舞。德国士兵？奇迹啊！他们成了整个城市的嘉宾！从没有人像维也纳人在那个夜晚那样热爱过他们。维也纳！拿出来吧，你所有的巧克力，所有的松树枝，所有的多瑙河水，所有的喀尔巴阡山风，还有你被叫作戒指路的环城大道，你的美泉宫[64]，你的中国式沙龙，你的拿破仑卧室，你的罗马皇帝遗体，你的金字塔军刀[65]。那三个德国人其实只是小卒，负责安排大部队安营扎寨。但是，众人已经等不及被入侵的时刻，三个德国人被带到城里，享受凯旋而归的礼遇。这三个可怜的家伙不明白他们为什么引起这般热情。他们想不到可以被爱到这样的程度。他们甚至有点儿害怕……爱有时会让人害怕。毕竟有人开始疑问：德国的战争机器在哪儿？那些坦克在干什么呢？摩托化部队呢？还有，跟我们说好的所有那些了不起的家伙什儿，它们在哪儿？元首不要他老家那所他出生的房子了？不，不，不是这个意思，但是……流言开始蔓延，没人敢大声说话。对纳粹还是小心为好，他们什么都在听……人们议论着，并不很确信。但是现在的情景毕竟确认了一些传言：德国军队以前所未有的热情越过边界，但是，那些传奇般的了不起的德国战争机器，它们悲惨地抛锚了。

事实是，德国军队越境时遇到了难以想象的困难。其混乱程度不堪想象，其速度之缓慢令人吃惊。此刻，军队在林茨，离维也纳不到一百公里。不过，3 月 12 号那天天气似乎出奇地好，几乎是梦想中的好天气。

一切准备妥当！九点整，边界的栏杆升起来。一下子，竟然已经在奥地利境内！甚至不需要暴力和炮响，不，我们充满了爱，我们不用努力就拿下，我们是温和的，微笑的。坦克，卡车，重炮，全部人马都在缓慢地朝维也纳前进，准备参加盛大的婚礼检阅。新娘是同意了的，有人说这是强奸，不是的，这是蜜月。奥地利人声嘶力竭地叫喊，做出尽可能漂亮的纳粹行礼，以此来表示欢迎。但是，从林茨去维也纳的道路艰难，车辆全部被颠坏，摩托车一个个像手扶拖拉机那样猛咳。哎！这些德国人！他们不如去做园艺！来奥地利转一小圈就够了，然后就回柏林，乖乖地，把他们的装备都改造成拖拉机，去蒂尔加滕公园[66]种白菜就好了。因为在林茨四周，一切都很糟糕。只有天空依旧，洁净无瑕，不动声色，难得的好天气。

3月12日的占星对水瓶座、巨蟹座和摩羯座来说是极为漂亮的一日，对其他星座却是不祥之日。面对入侵，欧洲民主国家以惊惶中的隐忍作为回答。英国人其实知道入侵迫在眉睫，并且告诉了许士尼格。这是他们的全部努力。而法国人，恰在那时发生内阁危机，他们没有了政府。

在维也纳，3 月 12 日清早，只有《新维也纳日报》（*Neues Wiener Tagblatt*）[67] 的主编埃米尔·勒布尔（Emil Löbl）刊登了一篇文章，向小专制者许士尼格致以敬意——这算得上一次极微小的抵抗行动。也差不多是唯一的行动。上午，一群匪徒出现在报社，强迫主编离开。冲锋队闯进报社办公室，殴打职员、记者和编辑。其实，这份报纸并不是左派主张，当议会被解散和消失的时候，它一声都没有吭，他们乖乖地赞成了新制度下的独裁天主教，他们接受了陶尔斐斯统治下对编辑部的清洗；当社会民主党人被迫离开、入狱、被禁止工作的时候，他们并不觉得有什么不好。不过，英雄主义是一个奇怪的相对的东西，总而言之，在那个清早，埃米尔·勒布尔单枪匹马站出来表示不满，既让人感动也令人不安。

在林茨，情况是一样的。可怕的清洗开始了，城市完全被纳粹党人控制。在城里各个地方，人们唱着歌，焦急地等待，每分钟都希望看到元首到来。可以说全城的人都出来了，阳光灿烂，啤酒滔滔。然后，一个上午过去了，有人到酒吧找个角落打盹儿，时光毫无阻挡地前行，转眼已到正午，太阳上到了波斯特林堡山（Le Pöstlingber）[68] 的顶尖。城里的喷泉干涸了，人们一家家地回去吃午饭，多瑙河依旧流淌。林茨植物园里，仙人掌园里千姿百态，蜘蛛忙碌万分，把那些植物当作苍蝇。维也纳那间有名的“大咖啡”（Grand Café）餐厅里，正在用冷餐的人们低声议论，说德国人还没有到韦尔斯（Wels），他们可能连梅根霍芬（Meggenhofen）都还没到！饶舌的人说大概他们走错了方向，跑到伊朗的苏萨（Suse）或者埃及的杜姆亚特（Damiette）那边了，明年我们也许在巴黎的博比诺（Bobino）看见他们了！[69] 也有人小声说他们出故障了，是极其严重的汽油短缺引起的故障，军需供给成了老大问题。

希特勒坐汽车离开了慕尼黑，寒风猛抽他的脸。他的奔驰座驾在森林深处穿行。他的打算是先去因河畔布劳瑙，他出生的城市，然后到林茨，他度过青年时代的城市，再然后到莱翁丁（Leonding），那里有他父母的墓地。说起来这是一程美好的旅行。将近下午四点，希特勒在因河畔布劳瑙过了边境，阳光明媚，但是气温很低,他一行共有二十四辆小汽车和另外二十多辆小卡车。所有人都在队列里：党卫军，冲锋队，警察，各部军队。一路上他们像主教一样接受人群的致意。他们去了元首诞生的小屋，在屋前肃立一刻——不能耽搁太久，我们已经迟到了！有几个小女孩给他们送上一束束鲜花，有人群挥动着带纳粹徽标的小旗，一切进行顺利。到了下午当中的时刻，一行车马已穿过很多村镇。希特勒微笑，挥手，脸上显出万分得意。他一路向聚集的农民和年轻姑娘们行纳粹举手礼。他总是喜欢这个奇怪的动作，这个动作被卓别林很开心地模仿，胳膊弯起，然后是个轻佻的姿势，带点儿女气。

UN EMBOUTEILLAGE DE PANZERS 坦克

闪电战是个简单叫法，这个词在广告里被人粘在了惨败一词上。这个进攻型战略的理论发明家叫海因茨·威廉·古德里安（Heinz Wilhelm Guderian）[70]。他的书《前进，装甲车！》（*Achtung - Panzer!*）用了个干巴巴但很有冲击力的题目，提出了闪电战的理论。当然，古德里安此前已经读过英国人约翰·弗雷德里克·查尔斯·富勒（John Frederick Charles Fuller）[71]的书，很欣赏后者那本相当差劲的瑜伽论述，并且狂热地浏览了作者令人疯癫的预言，认为自己在其中发现了世界可怕的神秘。最让古德里安整夜整夜睡不着觉的是那些有关军队机械化的文章，他读后脑洞大开，富勒以满腔的激情论述英雄式的残暴战争，这是古德里安十分喜欢的。这个约翰·弗雷德里克·查尔斯·富勒是狂热之徒，其疯癫程度导致他后来与奥斯瓦尔德·埃尔纳德·莫斯利爵士（Sir Oswald Ernald Mosley）[72]走到一起，他抱怨议会民主过于涣散，发自内心地主张一个更让他振奋的制度。于是，他加入了北欧联盟[73]，为纳粹做推广传播。这个小圈子当时开会是秘密的，成员们在英国小草房里长时间地议论犹太人。但是它的外围成员不仅限于梅费尔（Mayfair）[74]的那些生意人，那可不是，外围者当中有喜爱宠物的淑女道格拉斯-汉密尔顿（Lady Douglas-Hamilton）；因为我们都知道，所有的苦难都是人道之心所关注的圣地。还有那位善良的威灵顿公爵阿瑟·韦尔斯利（Arthur Wellesley），所有沙龙的宠儿，伊顿公学毕业生，由于他享有世界最高的恩宠，这让我们无法原谅。他谈起普罗佩提乌斯（Properce）[75]和卢坎（Lucain）[76]十分在行；大概是清晨，他会在住处巨大的花园里散步，嘴里吹着芦笛，走在忒欧克利托(Théocritus)[77]笔下的牧羊人中间；他也收集绘画，不一定是最优秀的作品，但毕竟是个藏家。他天生脑壳狭长，下嘴唇略垂，六神无主，倘若他出生在伦敦旁边的某个小镇，或许从来不会有人提到他。

前进，装甲车！1938年3月12日，装甲车在检阅部队的最前头。在第XVI军打头的古德里安终于实现了他的梦想。德国的第一辆坦克制造于1918年，当时一共造了二十几辆；那时候它们还是些笨重的铁家伙，二百马力的铁盒子，简直就是慢腾腾的婴儿手推车，开动起来极为不便。在第一次世界大战时，有一辆这样的坦克曾经与一辆英国坦克对决，结果彻底惨败。这是一次洗礼，从那时起它们开始了长足的进步，当然仍要努力。PANZER－IV型，号称四号坦克，一度成为一场场战役的女王，但是在1938年3月这一天，她还没有得到这个光荣地位，只能私下嘟囔。它是克虏伯的产品，一种小而平庸的进攻型战车。它的装甲壳很轻，无法抵御反坦克炮弹，它自己打出的炮弹只能攻击软目标。那时期的二号坦克外形更小，小得像一个沙丁鱼罐头。它速度快，但是没有能力击穿敌人坦克的装甲，而且自身脆弱无比，才出工厂门，就已是一个老朽之物。况且当初它的用途是坦克训练。但当时生产跟不上，战争的到来却比预想快很多，幸而它积极地提供了服务。再来说一号坦克，它差不多就是一个坦克型小车，里面只能坐两个人并且要直接坐在铁板上，如同两尊瑜伽师父。它根本不堪一击，武器也过于无力，但是它价格便宜，不比一辆拖拉机贵多少。

《凡尔赛和约》禁止德国人制造坦克，于是德国企业的生产靠外国公司做掩护。我们在这里看到，金融策划总是服务于那些最有害的运作。德国人，根据当时的说法，已经偷偷地建立起庞大的战争机器。1938 年 3 月 12 日，所有奥地利人在马路边翘首以待的就是这支新的军队，就是这个终于实现的承诺。也是这个原因，明媚阳光下的奥地利人心怀不安与焦躁。

大概有一颗微小沙粒流进了德国人了不起的战争机

器。先是一整排坦克停在路边人行道上。希特勒的奔驰绕过它们，元首面带鄙夷向它们扫视。然后是重炮部队的车辆趴在了路中央；司机猛按喇叭，高喊给元首让路，毫无用处，那些战车举步维艰，犹如在蹚一滩胶水。如果我们想象一下，一台发动机，简直是太美妙的东西了！一点点燃料，一个火星，哇！压力升高，推动活塞，带起曲轴转动，开动！说起来跟写在纸上一样容易，但是一旦出故障，麻烦就大了！搞不清楚是什么原因。要把手伸进那些可怕的油乎乎的东西里，拧螺丝……在 1938 年 3 月 12 日这一天，虽然太阳打得亮亮的，天气却冷得吓人。在公路边上拿出工具箱干活，不是件太好玩儿的事。希特勒火冒三丈，本来想好一个光荣之日，一次充满活力令人陶醉的穿越，此刻竟然面对如此狼狈不堪。不是速度，是堵塞，不是威风，是窒息，不是突进，是塞车。

在奥地利那些城镇，阿尔特海姆（Altheim）、里德（Ried），奥地利的年轻人等待着，风把脸吹得生疼。有人被冻哭了。那个时代，假如笼统地说个性，法国女人喜欢在老佛爷百货商店里听提诺·罗西（Tino Rossi）[78]的歌，美国女人喜爱的是班尼·古德曼（Benny Goodman）[79]演奏的乐曲。奥地利女人，她们对提诺·罗西不感兴趣，也无所谓班尼·古德曼，她们要的是阿道夫·希特勒。因此，每进入那些小村镇，都可以听到呼喊“欢迎亲爱的元首”。然而，什么都没有发生，谁都没有来，于是人们聊起天，东拉西扯。

因为发生故障的不是几辆坦克，不是这里一台或者那里几台，而是德军的大部分坦克；现在，道路完全被堵塞。啊！简直就是一部喜剧片：愤怒发狂的元首，在道边跑来跑去的修理技工，用第三帝国生硬和发烧的语言喊出的指令。还有整个军队，当它在闪光的太阳下以每小时三十五公里的速度朝着你开过来，你会目瞪口呆！可是当整个军队都陷入故障，那就不能说没什么了不起了。一整支军队瘫痪，荒诞可笑到了极点。将军当然遭到斥责！号叫，怒骂；希特勒把他当作这场混乱的责任者。为了让元首的车通过，需要把重型装甲车挪开，把好几辆坦克拉走，把一串汽车推开。当元首终于抵达林茨，已经是天黑时分。

此时，月亮冰冷，德国军队在尽最大可能把他们的坦克装到火车上。他们大概从慕尼黑叫来了机械师和吊车工。终于，火车把坦克运走了，好像火车在为马戏团运输。关键是要不惜一切代价到达维也纳，参加官方仪式—— 一场盛典！此刻的场面大概有点怪异：阴森的人影，一列列宛若送葬的火车，载着自动化装备和装甲车，在深夜里穿越奥地利。

ÉCOUTES TÉLÉPHONIQUES
电话窃听

德奥合并（Anschluss）[80]后第二天，3 月 13 日，英国特工万分惊诧地窃听到在英国与德国之间的一场电话喜剧。“里宾特洛甫先生”，戈林开始抱怨，此刻他负责帝国的事务，而希特勒正在飞往他自己的祖国。“最后通牒这个事件，被说成我们以此来威胁奥地利，这是一个可恶的谎言。阿图尔·塞斯－英夸特是人民推选上台的，他要求我们给予帮助。您大概对许士尼格制度的残暴有所了解吧！”里宾特洛甫回答：“简直是难以置信，这应该让全世界知道。”对话以这样的口气持续了半个小时。我们可以想象记录这些古怪对话的人会有什么样的表情，他们会觉得自己突然置身于一场假戏的后台。然后，对话要结束了。戈林说起明媚的天气。天空蔚蓝。鸟儿鸣啭。他告诉对方他站在自己的阳台上，可以从收音机里听到奥地利人的欢呼。“那太好了！”里宾特洛甫喊道。

七年之后，1945 年 11 月 29 日，我们听到了同样的对话。同样的用词。这一次，那些词也许少了些犹豫，多了些笔录的痕迹；但是，那些话是完全一样的油腔滑调，一样的滑稽可笑。这次的对话发生在纽伦堡国际审判法庭。美国起诉人希尼·奥尔德曼（Sydney Alderman）对纳粹破坏和平的阴谋提出指控，他从卷宗里拿出了一摞文件。里宾特洛甫与戈林之间的这场对话在他看来揭示了这一阴谋，一目了然。我们在其中听到的是一语双关的对话，其目的是把别的国家也卷进来，希尼·奥尔德曼说。接着他开始朗读这段对话，好像在朗读一个剧本。他念到第一个人物戈林的名字，被告席上的戈林居然打算站起身来。但是他很快明白人们不是在叫他，而只是在他眼前展现他的角色，重新朗读他当时说的话。奥德尔曼用单调沉重的语气重读了当时的场景。

戈林：里宾特洛甫先生，您很清楚，元首在离开之前把他的责任委托给我。因此我要告诉您，奥地利沉浸在巨大的欢乐中，您可以在广播里听到。

里宾特洛甫：这简直太超乎想象了，是吧？

戈林：阿图尔·塞斯－英夸特担心国家会陷入恐怖或者战争。他要求我们立刻赶来，我们很快就抵达了边界，以防混乱发生。

但是在 1938 年 3 月 13 日那天，戈林不知道，这段对话有一天会被揭露出更真实的意义。他曾经给自己手下的部门下指令，要求他们记录所有最为重要的谈话；他要让大历史有一天把它们拿去做记载，也许到了晚年，他将写下他自己的《高卢战记》[81]，谁知道呢？那样他就可以依据当时的笔记来书写他事业生涯的伟大时刻。他所想不到的是，这些笔记没有在他年届退休之时在他办公桌上完结，而是最终到了一位法官手里，到了纽伦堡。我们还可以听到别的场景，比如在 3 月 11 日的前两天，在柏林和维也纳之间的对话。他当时以为除了阿图尔·塞斯－英夸特或者多明布鲁夫斯基（充当中间人的德国大使馆参赞），只有做记录的人，他想让这场难以言喻的对话流传百世。而他不知道，事实上所有人都听得到。噢！不是指在他当时讲话的那一刻，不是，而是在那个时候的将来，那是他一直觊觎的将来。因此，戈林在那天晚上的所有谈话都有完整的档案，可供查阅。炸弹竟然奇迹般地放过了它们。

戈林：阿图尔·塞斯－英夸特打算什么时候成立自己的内阁？

多明布鲁夫斯基：二十一点十五分。

戈林：内阁应该在十九点三十分成立。

多明布鲁夫斯基：……十九点十五分。

戈林：开普勒（Keppler）会把名单给你们。你们知道谁要当司法部长吗？

多明布鲁夫斯基：知道，知道……

戈林：名字说给我听听……

多明布鲁夫斯基：您的姐夫，是吧？

戈林：对，就是。

一个小时接一个小时，戈林把他的日程安排口述下达。一步，又一步。在简短的对话后面，我们听到的是命令式语气，还有蔑视。黑手党的脸此刻突然跳到我们眼前。在刚才读到的那个场面过后不到二十分钟，阿图尔·塞斯－英夸特打回电话。戈林命令他重新去见米克拉斯，让他好好明白如果他不在十九点三十分以前任命首相，我们就会猛袭奥地利。此刻，戈林与里宾特洛甫那场讲给英国间谍听的充满善意的对话远在天边，奥地利的解放者们也远在天边。但是有一点值得我们注意，就是那句威胁之词："猛袭奥地利"。这让人立刻联想到毛骨悚然的场面。我们还要把线轴再往前倒一下，更进一步理解这个事件，我们应该忘记我们自以为知道的那些，忘记战争，把那个时期的时事新闻拆开来看，把戈培尔的蒙太奇和他所有的宣传拆开来看。我们应该回忆起来，闪电战在那个时候什么都不是。它不过是一堆坦克车堵塞了公路；它不过是一场规模庞大的发动机故障发生在奥地利国家公路上；它不过是一帮人的疯狂。闪电战，它只是在这之后才出现的一个词，只是像一张后来打出的扑克牌。在这场战争里，让我们惊讶的是：如此的肆无忌惮竟能获得成功，难以置信。我们从中看到的是：世界面对虚张声势总是做出退让。甚至最为严肃最为刻板的世界，甚至陈旧的秩序，如果说它从不向正义的要求屈服，从不向起义的人民屈服，那么面对虚张声势，它却卑躬屈膝。

在纽伦堡，戈林紧握双手支着下巴，听奥尔德曼朗读。有时，他微笑。以往戏剧的主要演员们现在都聚集在同一场戏里。他们不再在柏林、维也纳和伦敦，他们互相之间相隔不过几米远：在告别午宴中表演的里宾特洛甫，像犯人头儿[82]一样满脸奴相的阿图尔·塞斯－英夸特，惯于强盗手段的戈林。最后，在结束他的陈述之前，奥德尔曼重新回到了3月12日。他朗读了那场对话的结尾。朗读的语气单调，剥去了当时的一切威严，让对话回到它的本来面目：一出纯粹的混蛋勾当。

戈林：这边天气好极了。蓝天。我坐在自己的阳台上，身上盖得厚厚的，天气有些凉。我在喝咖啡。小鸟啾啾地叫。我可以从收音机里听到奥地利人的热情。

里宾特洛普：真是太好了！

这一刻，在大壁钟下面的被告席上，时间停止了。大厅里所有人都朝他们看过去。《法兰西晚报》报道纽伦堡审判的特派记者凯塞尔这样讲述现场：听到“太好了”那一句，戈林笑起来。回想当时那句故作吹捧的感叹，戈林或许感觉出那句台词是何等遥远，此刻，那句台词的对面，是人类大历史，它的庄严，以及人们对大历史重要事件的共识。他一边瞧着里宾特洛甫，一边笑。里宾特洛甫也跟着发出神经质的狂笑。面对国际审判法庭，面对他们的法官，面对来自全世界的记者，他们站在废墟之上，无法止住自己的笑。

LE MAGASIN DES ACCESSOIRES 衣饰库

真相总是被散在滚滚烟尘中。德国知识分子君特·斯特恩（Günther Stern），移民到了美国，改名为安德斯（Anders），这个德语名译成法语是 Autre，含义为另一个，即另一个斯特恩。穷汉一枚，犹太人，靠打小工度日，四十多岁在好莱坞演艺服装大厦（Hollywood Custom Palace）找到一份工作，做衣饰管理员。大厦陈列室里展示着人类服装的全部历史。这个大厦其实是个演艺服装租赁处，向电影界出租各种服装，从埃及艳后到法国的丹东，从中世纪的杂耍人，到加来（Calais）[83] 的布尔乔亚。在好莱坞演艺服装大厦，你什么都可以找到，人类所有的衣钵，辉煌的虚无，荣华散尽的碎片，回忆的偶像。这里有被保存下来的木制宝剑，卡通的纸质皇冠，纸做的隔墙板。所有都是假的。矿工脖领上的煤灰，乞丐膝盖上的破洞，死囚脖颈处的鲜血。大历史是一场表演。在好莱坞大厦，我们可以看到过往的一切：同一根绳子上挂着殉道者的衣服，紧挨旁边的是古罗马贵族长袍。我们无法分辨。看来，图像、电影、照片，它们并不是世界，我是说我对它们不很肯定。大厦的每一层都堆积着岁月，给人一种或荒谬或疯狂的感觉。好像我们置身于伟大的正中央，但是被抑制了，被缩小了，好像那些尘土不过是粉末，那些磨损不过是错觉，那些污渍不过是彩妆，那些外表不过是事物的真相。但是说它是整个人类，毫无疑问，那就太过了。好莱坞大厦积压了太过多的旧日衣钵，集合了太过量的各种款式，积蓄了太久远的朝朝代代。在那里，人们可以找到古罗马女人的肩扣黑纱裙，埃及人的廉价穿戴，巴比伦城的马戏演出服，希腊的走私犯行头，还有各种式样的缠腰布，古吉拉特（Gujarat）[84] 女人的纱丽，孟加拉阔人的巴鲁纱，本地治里（Pondichéry）[85]风格的轻薄棉衫；在那里，人们还可以翻出马来的纱笼，可以套头的上衣，远古的披风，中世纪的外套，古罗马的大氅，远古最早的带袖上衣，长内衣，工装和衬衫，皮里长袍，史前期兽皮，还有祖先们所有时代的裤子。这座好莱坞演艺服装大厦真是一个美妙绝伦的宝库。当然，在里面工作不一定光鲜，其实就是叠好潘乔·比利亚（Pancho Villa）[86]尸体的衣服，整好玛丽·斯图亚特（Marie Stuart）[87]的打褶颈圈，把拿破仑的帽子放回到架子上。不过，毕竟这是一份享有特权的工作：为大历史做衣饰管理员。

在君特·斯特恩的日记里，他强调了这样一点：所有的服装都在这里，连马戏团猴子的服装或者多维尔（Deauville）[88]小狗的衣服都在；从亚当的那片葡萄藤绿叶到纳粹冲锋队（SA）的靴子，可谓应有尽有。但是最让人吃惊的不是你在这里可以找到任何服装，而是那时候纳粹军服已经在大厦里了。讽刺的是，君特·斯特恩写道，负责擦靴子的是一个犹太人！因为那些鞋子是需要保养的。君特跟大厦里的所有工作人员一样，要给这些靴子擦鞋油，如同他要擦古罗马斗士的厚底靴或是中国人的草鞋。真正的悲剧不在这里，最重要的是：在拍电影期间，件件服装都要给准备好，它们都要服务于表现世界。它们从来都必须准时备好；而且，比起那些在博物馆里展出的衣服，它们要更真实，更一丝不苟；它们都是完美的复制品，连一个纽扣，一根线都不会少，大厦里跟精品商店里的展架一样，每一种样板都有。而且，那些服装复制品不但要有完美无缺的，还得有被淘汰的，穿了洞的，搞脏的。是的，世界不是一场服装秀，电影应该给人想象。所以，服装就得保留假的，撕破的，假的污渍，假的锈痕。要给人印象——时光已逝。

因此，在斯大林格勒战役打响之前，在巴巴罗萨行动（Plan Barbarossa）[89]被思考被决定被确立之前，在进攻法国之前,甚至在德国人发动战争的想法产生之前，战争已经在那里，它已经在演艺服装的展架上。庞大的美国机器好像已经把战争的风云动荡收入囊中。它将去讲述战争，它讲述的方式仅仅是展现那些功勋伟业。并且把这个做成了自己的收入。一个主题。一桩好生意。说到底，这些东西被重新展现，被制型制款，被缀满风尘，做出这些的并不是德国的坦克和轰炸机，也不是斯大林的管风琴[90]。绝对不是。是那边，在灵巧机智的加利福尼亚，在沿着方格伸展的宽广大道之间，在某个甜甜圈形状的环岛和某个加油站中间——我们稠密的生存用了群体信念的色调呈现。就是在那边，在最早出现的超市里，在第一批电视机前，在烤面包机和电子计算器中间，世界讲述自己，循着自己的真实节奏，被后来的世界最终接受的节奏。

在元首开始准备入侵法国之时，德军参谋部在讨论弃绝施里芬（Schlieffen）[91]的老套路，机械师们在忙不迭地修理出故障的坦克；在好莱坞，德军军服已经放到了回忆过去的服装展架上。它们属于归档服装，一件件挂上衣架，叠好摆好，纳入旧物品类别。是的，那时候战争还没有开始，法国的勒布伦忙于签署有关彩票的行政法令，对世界视而不见充耳不闻，英国的哈利法克斯扮演着同谋的角色，奥地利被惊吓的百姓从一个疯子的身影中隐约望见了自己的命运，而此时此刻，纳粹军服已经送进衣饰库。

92
音乐之声
LA MÉLODIE DU BONHEUR

3月15日，在维也纳皇宫——美泉宫——大厦前，人群挤满宽阔的广场，一直拥到奥地利国查理一世的骑马雕塑前，可怜的、被欺骗、被重创、最终接受命运的奥地利人群前来欢呼。如果掀开大历史千疮百孔的衣衫，我们会看到：等级对抗平等，秩序对抗自由。人群漫天遍地，他们被一种狭隘平庸、危险万分、没有未来的民族至上的思想迷惑了，他们为以前的失败而失望，他们把手臂伸向天空。在那里，在茜茜公主王宫的阳台上，一个极为怪异、抒情、焦虑的嗓音在讲话，然后，一声沙哑的、极不好听的吼叫，讲话结束——这就是希特勒。他嘶喊的德语很接近后来卓别林发明的那种语言，那是一种用诅咒合成的语言，人们只能听见一些零零碎碎的词语：“战争”“犹太人”“世界”。人群发出喊叫，人群无数。元首刚才从阳台上宣告德奥合并！欢呼声如此一致和强大，如此喷涌而出，我们不由暗想：我们从当时的时事新闻里听到的，还有眼前的，是不是同样的人群，同样的录音带？因为我们看到的是电影，是给我们介绍这段历史的信息电影或宣传电影，是这些东西制造了我们内心的认知；而我们所有的思考都听从于这个清一色的背景板。

我们永远不可能知道。人们不知道谁在讲话。那个时期的所有电影经过一种可怕的巫术已经变成我们的回忆。世界大战，它的序言，都被并入这部无限的电影里，人们在里面无辨真假。那是因为元首招募的电影人、剪辑人、摄像人、录音人、机械操作人，他们的数目远远超过这部历史悲剧里的其他演员，我们可以说，直到俄罗斯人和美国人进入战争之前，我们获得的所有关于战争的图像已经并永远被约瑟夫·戈培尔导演过了。大历史在我们眼前流过，如同约瑟夫·戈培尔的一部电影。何等离奇！德国的时事新闻成为虚构电影的样板。因此，德奥合并看上去是成功的奇迹。但那些欢呼显然是被加入画面的；它们是——如人们所说——后期合成的。而且非常有可能，当时紧随元首出现的那些丧失理智的欢呼没有一场是我们今天所听到的这样。

那些电影我全部重新看过。当然，不要搞错，当年他们把全奥地利拥护纳粹的积极分子都召集来了，他们还逮捕了反对派、犹太人，那些人群是筛选过清洗过的人群，但那些人群是活生生的，是奥地利人，他们不仅仅是拍电影的群众演员。他们活生生地在那里，那些姑娘，梳着金黄发辫，快乐欢笑，还有那对小夫妻，微笑地高喊——啊！那么多微笑！那么多动作！那些长幅的标语随着军队的行进而抖动！一枪未发！何等悲伤！

然而，不是一切都按照预先安排进行；“世界上最棒的军队”刚才已经展现出它只是一堆破铜烂铁的组合，一块空铁皮。不过，尽管他们做了很多的解释，尽管他们的装备有缺陷，尽管被命名为“兴登堡号”的飞艇在新泽西州降落前就爆炸，致使三十五名乘客全部丧生，尽管德国空军的大多数将军对歼击机还知道不多，尽管窃取了最高军事权力的希特勒没有任何经验，然而，那个时期的时事报道给人的印象却是——德国是一个强大无比的国家机器。人们在那些时事里看到：在聪明设置的取景框里，德军的坦克部队在民众的欢腾声中行进。有谁会在当时想象这支坦克部队不久前遭遇了一场巨大的故障？德国军队仿佛在胜利大道上进军，明明是一场胜利，铺满鲜花和微笑。根据苏埃托尼乌斯（Suétone）[93]的讲述，罗马皇帝卡利古拉就是用这样的方法把他的军团带到北方，曾有一刻，队伍里出现了动摇和恍惚，卡利古拉于是命令把军队排列成行面对大海，令兵士捡贝壳。那么，如果看一下法国当时的时事报道，我们的印象是德国士兵那一整天都在接受微笑。

*

有时候我们会觉得发生在眼前的事情已经在几个月前的报纸里被写到过；这事情不过是之前我们经历过的一个噩梦。就是这样，在德奥合并过后不到六个月，1938 年 9 月 29 日，我们陷入慕尼黑，那个著名的会议[94]。好像希特勒的胃口不会就此打住，于是人们把捷克斯洛伐克甩卖。法国和英国的代表团前往德国。人们受到礼遇。大厅里，大吊灯叮当轻唱，灯上的水晶坠子宛若教堂里的排钟被清风拂动，在妖怪们的头上鸣奏神曲。达拉第（Daladier）[95]和张伯伦的代表团试图从希特勒那里得到一些毕克罗寿（picrocholine）[96]式的让步。

人们使大历史不堪重负，人们声称大历史会让戏剧主角们歇息一刻，免受我们的折磨。人们永远不会看到积满污垢的裤脚管，颜色发黄的桌布，支票本的票根，咖啡的污渍。那些大事件，只给我们看到它们的轮廓就够了。然而，如果我们仔细去看，张伯伦和达拉第在慕尼黑的照片，在签字之前，在希特勒和墨索里尼旁边，英法两国总理看上去不是那么骄傲。但是，他们签字了。之前他们穿过了慕尼黑的街道，接受了众多人群的欢呼和纳粹行礼，他们签字了。人们看到他们，一位是达拉第，头戴礼帽，有点儿不自在，跟旁人低声说着什么；另一位张伯伦，礼帽拿在手上，一脸微笑。这位不知疲倦的和平工匠——当时的时事报刊这样称呼他——登上台阶，夹在两排纳粹士兵中间，进入了黑白色的永恒（历史）。

在这一刻，新闻评论员灵感大作，带着很重的鼻音说，四国领导人达拉第、张伯伦、墨索里尼、希特勒，抱着共同的和平信念一起合影。大历史把平庸可悲的定论退还给这些新闻评论，并使此后到来的所有时事报道都背上信誉扫地的字牌，令人痛心。据说，在慕尼黑会诞生一个巨大无比的希望。说这种话的人们对词语的含义毫无所知。他们讲的是天堂的语言，有人说，而天堂里所有的词语都有自己的价值。此后不久，爱德华·达拉第在巴黎电台发表讲话，频道波长一千六百四十八米，开场曲过后，达拉第讲述。他坚信这一举动拯救了欧洲的和平，这是他告诉我们的。他其实对此全不相信。“啊！那些傻瓜，要是他们知道……”当他的飞机降落那一刻，看着向他致意的人群，他很可能会这样小声嘀咕一句。更恶劣的事件那时已在酝酿，在灾难到来的巨大混乱中，对谎言深奥莫测的遵从占据统治地位。操作击倒了事实；不过，国家元首们的声明很快就被一场春天的暴风雨卷走，犹如一张铁皮屋顶。

LES MORTS
死者

为把德奥合并做实，那些人还搞了一场公民投票。最后剩下的反对派被逮捕了。神甫们在布道台上呼吁为纳粹投票，教堂用纳粹的十字标装饰自己。连旧日的社会民主党领袖也呼吁投赞成票。奥地利人以 99.75% 的选票支持自己的国家并入帝国。正当本书开始时刻出现的二十四人，那些德国大工业的神甫，一起研究如何切割奥地利的时候，希特勒在该国做了一圈访问，这被誉为凯旋之旅，每到一地都有集会，到处受欢呼，令人不可思议。

然而，就在德奥合并之前，在一周内曾经有一千七百人自杀。很快，在报纸上公布的自杀事件将变成了一项抵抗行动。仍旧有若干记者斗胆写出“突然死亡”这样的字眼；事后的报复使这些人很快不再出声。有人试图寻找其他惯常说法，但是没有找到。因此，自杀的人数是未知数字，自杀者的名字也不为人知。在德奥合并的第二天，在《新自由报》（*Neue Freie Presse*）上还能读到四条讣告：“3 月 12 日，上午，阿尔玛·比罗女士，四十岁，官员，用剃须刀割腕，然后打开煤气。同一时间，作家卡尔·施莱辛格，四十九岁，向自己的太阳穴开枪。主妇，埃莱娜·库赫纳，六十九岁，自杀。下午，莱奥保罗·比安，官员，三十六岁，从窗户跳下。原因不明。”这最后几个字充满耻辱。因为在 3 月 13 日，没有人可以对他们的动因视而不见。没有人。人们不能谈论那些动因，但是它们都来自同一个理由，也是唯一的理由。

阿尔玛，卡尔，莱奥保罗或者埃莱娜，他们也许从自己家的窗口望见了那些被拖到街上的犹太人。只消远远地瞥见那些被剃了光头的人，他们就能明白。只消看到那个男人的枕骨上被人画了 T 型十字架[97]，而许士尼格总理一小时前在自己的西服衬里上也别着它。甚至在这些事情之前，只消有人告诉他们，只消他们自己猜出来，自己估计到，想象到，只消他们看到有些人脸上现出微笑，他们就会明白。

那些犹太人被叫喊的人群围观，蜷缩着身体，蹲在地上，被迫在看热闹的行人目光下打扫街道，其实，那个早上埃莱娜是不是已经看到或者没有看到这一切，已经不重要。还有那些逼迫犹太人吃草的卑鄙场面，她有没有在一旁看到，也不重要。她的死亡只是传译了她心中的拒绝，她拒绝接受巨大的不幸和可憎的现实，拒绝接受在她眼前赤裸裸展开的凶杀世界带给她的厌恶。因为说到底，罪恶已经在那里，在那些小旗子上，在那些年轻姑娘的微笑里，在整个充满邪恶的春天里。她听到那些笑声，那些毫不在乎的宣泄，埃莱娜已经感觉到那里面的憎恨和享受。她已经从那里面隐约看到了，在做出这个令人战栗的决绝行为的一刻，她看到了那后面有数千个身影、面孔，数百万苦役犯。她在令人恐怖的万众欢腾中，已经猜到了毛特豪森（Mauthausen）集中营的将来。她已经看见了自己的死亡。在1938年3月12日维也纳姑娘们的微笑中，在人群的喊叫声中，在勿忘草清新的气味里，在诡异的喜悦的心里，在所有那些狂热的心里，她已经感觉到黑色的悲哀。

人们抛撒着彩色纸带卷，跳着各种花样的舞蹈，挥舞着一面面小彩旗。那些因为热情而疯狂的姑娘，她们后来怎么样了？她们的微笑呢？她们的无忧无虑呢？那一天她们的面容那么真诚，那么快乐！1938年3月的那场万众欢呼后来如何了？如果在今天，她们当中有人在屏幕上认出自己，她会想什么？自从世界诞生以来，人的真实思想始终是秘密。说话到了字词末尾便不再出声，屏住了呼吸，正是在那里有我们的思想。那下面，生命流淌，如树木的汁液，缓慢，藏于地下。现在，她的嘴唇边已生出皱纹，眼皮变得微红，喉咙不再发声，目光摇晃在眼前的景物间；电视机屏幕放出她昔日的影像，女护士在她身边忙碌，从昔日的影像到跟前的酸奶，那位护士与那个战争年代已经距离遥远，一代代人更迭来往，如同黑夜里轮换值班的哨兵；走过的青春、水果的味道、从身体深处涌上来的让人喘不上气的苦水，怎样把它们和恐怖区分开？我不知道。在她居住的退休之家，在淡淡的乙醚和碘酒气味中，在她如小鸟般的脆弱中，皮肤皱皱巴巴已成老小孩的妇人在电视机冰冷的长方形屏幕上认出了自己，她过去可是生气勃勃，她经历了战后的废墟，美军或苏军的占领，现在她的拖鞋在房间的塑料地板上吱吱作响，护士打开门，她微温的布满老斑的手正在慢慢地从藤椅扶手滑下，她会不会有时叹一口气，透过那股消毒水气味找出那些难以忍受的往日回忆？阿尔玛·比罗，卡尔·施莱辛格，利奥波德·比安，还有埃莱娜·库纳尔，他们都没能活这么长久。1938 年 3 月 12 日，利奥波德从窗户跳下去之前，已经多少次看到了真相，多少次被耻辱折磨。他不也是奥地利人么？他不也是好几年以来已经承受了国家天主教党令人发笑的戏谑吗？那天早上，两个纳粹分子按响他的门铃，这个年轻人的面容瞬间苍老。一段时间以来，他在寻找能够摆脱官方和那些暴力的新词语；但是他找不到。他整日在街上游荡，满心害怕，怕碰见一个恶意的邻居，怕碰见一个看到他便马上把目光移开的旧时同事。他热爱的生活不复存在。什么都没有剩下：给他快乐的工作中的一丝不苟，简单而匆匆的午餐——站在一座老楼房底下一边啃着东西一边看着过往行人。一切都已经被摧毁。3 月 12 日那个早晨，门铃响了，思绪把他包围在淡淡雾里，有一刻，他听到自己内心那个细小的声音，它总是从久久遭受毒害的灵魂中逃脱出来；于是他打开窗户纵身跳下。

瓦尔特·本雅明曾经写了一封信给玛格丽特·施特芬（Margarete Steffin）[98]，语调中带着愤怒的讽刺，时间的推移和战后揭露的事实让我们在今天感受到那种不可承受的被压迫。他说那个时期给维也纳犹太人的煤气供应突然中断了，那些人的消费给煤气公司带来损失。因为这些人是最大的消费者，但是他们不交煤气费，本雅明做了这样的补充。本雅明的信在这里做了一个奇怪的转弯。我们不敢肯定是不是读懂了。我们对此迟疑。它的意义在树枝间游移，在苍白的天空里。然后它明朗起来，突然在莫名之地形成了一片小水洼，饱含意义，成为所有时间里最为疯狂最为悲伤的一片水洼。事实是：奥地利煤气公司拒绝给犹太人供应煤气，因为他们用煤气自杀，留下了没人付钱的煤气单。我问自己这是真的吗？那个时代已经用神经失常的实用主义手段制造了那么多恐怖！或者说这只是针对纳粹的一个笑话？有人在灾难的烛光下发明了这个可怕的笑话？然而，它到底是一个痛苦至极的笑话还是一个事实，这已经不重要；幽默朝着如此沉重的黑暗低下头，因为它在诉说真相。

在这样的敌意下，所有的事情都遗失了自己的名字。那些事情离我们远去。人们不能再谈论自杀。阿尔玛·比罗不是自杀。卡尔·施莱辛格不是自杀。埃莱娜·库纳尔也不是自杀。他们当中没有人自杀。他们的死亡无法跟那些有关他们苦难的神秘叙述相认同。人们甚至不能说他们选择了有尊严地去死。不。不是个人隐秘的绝望把他们毁灭。他们的痛苦是一个群体的东西。而他们的自杀是他者的罪恶。

那些人是谁呀?
MAIS QUI SONT TOUS CES GENS ?

有时候，一个词足以冰冻一句话，足以让人陷入无法形容的遐想；时间，却对此毫无感觉。它在一片混乱中继续自己的朝圣，不为所动。1944年春，工业界神甫之一古斯塔夫·克虏伯和妻子贝尔塔，还有阿尔弗雷德——他们的长子、康采恩企业集团的继承人，一起进晚餐。我们在这个故事的开头已经看到，古斯塔夫·克虏伯给纳粹掏出了自己的铜板，支持当时还处于初期的纳粹制度。此刻，是克虏伯一家三口在自己的修格尔庄园的最后一刻。庄园是一座巨大的宫殿，他们一直生活在那里，在那里运作他们的权力。

现在，时运不济。德军处处败退。需要下决心离开自己的领地，远离鲁尔河（Ruhr），退居山中，躲到布吕恩巴赫（Blühnbach）那边，炸弹炸不到他们，可以有寒冷白雪覆盖的和平。

突然，老古斯塔夫站起身。很久以来他已经陷入不可挽回的失智，大小便失禁，神智糊涂，他已经有好几年不再说话。这个晚上，他却突然站起身，万分惶恐地把口巾紧抓在胸前，嶙峋的手朝着他儿子身后伸去，指着房间尽头，嘴里嘟嘟囔囔："那些人是谁呀？"他妻子转身去看，儿子也赶紧回过头，他们都非常害怕。房间的角落一片昏暗。那片昏暗好像在翻动，有身影在黑色里匍匐。那不是山庄里让他们心惊胆战的鬼魂，不是，那既不是人面蛇身的女妖，也不是恶魔，那是些真正的人，有鼻子有脸庞，他们注视着他们三人。古斯塔夫看到了一双双巨大的眼睛，一张张人脸，他们从黑暗中走了出来。那是些陌生人。他感到令人发抖的恐惧。他站在那里，身体僵直。佣人们都立定不动。窗帘如冰。他感到此刻他真正看见了，一生以来只有这一刻他看见这么多。他所看见的，从昏暗中慢慢走出的，是数以千计的死尸，是集中营的苦役，是党卫军为他的工厂提供的那些劳动力。他们从虚无中出现。

在很多年中，古斯塔夫从集中营租用苦役犯，他们来自布痕瓦尔德（Buchenwald）集中营，弗劳森布尔格（Flossenbürg）集中营，拉文斯布吕克（Ravensbrück）集中营，萨克森豪森（Sachsenhausen）集中营，奥斯维辛（Auschwitz）集中营和其他一些集中营。进了集中营，苦役犯的寿命只剩几个月。他们即使逃过了传染病，最终也逃不过饥饿至死。克虏伯不是唯一使用这些劳力的人。在2月20日的会议上，他身边那些不说话的配角也都利用了这些人；在罪恶的狂热和政治表演背后，他们都为自己的利益捞到好处。战争是有利可图的。拜耳在毛特豪森租用劳力，宝马在达豪、帕彭堡、萨克森豪森和布痕瓦尔德招募工人。戴姆勒在希尔梅克，IG法本在多拉（Dora-Mittelbau）、格罗斯－罗森（Gross-Rosen）、萨克森豪森、布痕瓦尔德、拉文斯布吕克、达豪、毛特豪森集中营。法本还在奥斯维辛集中营里经营一个庞大的工厂：IG 奥斯维辛，这个名字今天仍旧厚颜无耻地在公司组织架构图中存在。爱克发在达豪招工，壳牌在诺因加默（Neuengamme）招工，施耐德在布痕瓦尔德招工。德律风根在格罗斯－洛森招工，西门子在布痕瓦尔德、弗劳森布尔格、诺因加默、拉文斯布吕克、萨克森豪森、格罗斯－罗森和奥斯维辛招工。所有人都扑到那些廉价劳动力身上。这个晚上并不是古斯塔夫在家庭晚餐上产生了幻觉，是贝尔塔和她的儿子不想看到任何真相。而那些人就在那里，在阴影里，他们是所有死去的人。

1943 年，到达克虏伯工厂的一批流放者有六百人，一年后只剩下二十人。在古斯塔夫把权力交给儿子之前，在他最后做的事情当中，有一件是以妻子的名义建立一个集中营工厂——贝尔塔工厂，大概是向妻子致意。工厂里，人们生活在污黑龌龊中，虱虫猖獗，不论冬夏，每天拖着木底鞋行走五公里，从集中营到工厂，再从工厂到集中营。人们每天四点半被叫醒，在党卫军士兵和警犬的看守下，人们遭受暴打，酷刑。晚饭的时间通常要用两小时，不是用两小时吃饭，而是要等待两小时：因为喝汤的碗不够用。

现在让我们用短短的一刻回到这个故事的开始，再次看一下他们：围坐在会议桌前，二十四个人。可以说这是随便哪次企业领导人会议。同样的西装，同样的暗色或带条纹的领带，同样的丝质衬里西服口袋，同样的金边眼镜框，同样的秃顶，同样的跟我们今天一样的理智面容。说到底，时尚几乎没有变化。会议之后再过一段时间，纳粹的金色勋章将被（德国）联邦十字勋章替代，如同我们法国的荣誉军团勋章。所有的制度都以同样的方式授予荣誉。让我们再看看2月20日那天的他们，他们在那里沉着地乖乖地等待，恰恰在那一刻，魔鬼踮着脚尖从他们背后溜过。他们聊着天，他们的小型红衣主教会议完全跟其他某些会议一样。我们不要以为这些已经属于遥远的过去。这些并不是诺亚时代大洪水以前的怪物，也不是像罗塞里尼（Rossellini）[99] 在他的电影中描绘的，那些苦难已经在20世纪50年代可怜地消失，跟着柏林的废墟一起不见踪影。这些名字尚且存在。它们的财富庞大无比。它们的公司经过几次合并成为强大无比的集团。当今世界钢铁业的领军者之一泰森 – 克虏伯集团，总部始终设在埃森（Essen），它今天的口号是“灵活与透明”。在它的工业园区，人们还可以看到关于克虏伯家族的一块简短记录。古斯塔夫在 1933 年以前没有积极支持过希特勒，介绍上这样说，但是在后者被任命为首相之后，古斯塔夫表现了对自己国家的忠诚。他只是为了自己的七十岁生日，才在 1940 年成为纳粹党成员，介绍这样解释。深深忠诚于公司社会传统的古斯塔夫和贝尔塔，尽管有人反对，始终对所有人坚持这样的传统：在每个员工金色纪念日那一天（即工龄满五十年之际），他们都会亲自去拜访这些最忠诚于公司的雇员。这个传记结尾还讲了一个感人的小故事：很多年间，在布吕恩巴赫离自家不远的一座小楼里，贝尔塔忠诚不渝地照顾她的病残丈夫。这里既没有提到集中营工厂，也没有提到工厂里的苦役劳工，一个字都没有。

那天他们在修格尔庄园共进最后的晚餐，惊恐过去后，古斯塔夫安静地重新在自己的座位上坐下，那些面容重新回到阴影中。1958 年，他们又躲过了一劫。布鲁克林的犹太人要求赔偿。当年在 1933 年 2 月 20 日会议后，古斯塔夫向纳粹奉献了天文数字的巨款，眼睛没眨一下，现在他儿子阿尔弗雷德好像没有造出什么奇迹。他声称美国占领者对待德国人“就像对待黑奴”，然而他本人并未受到任何影响，一路成为共同市场[100]的最强者之一，煤炭业钢铁业大王，欧洲和平的支柱。他把赔偿谈判拖延了漫长的两年，最后决定支付赔偿。每一次有康采恩集团律师出场的谈判都充斥着反犹观点。协议最终达成。克虏伯公司承诺给每个幸存者一千二百五十美元，倘若算起总账，这笔款实在微乎其微。然而克虏伯的姿态受到媒体的一致欢呼。甚至成了克虏伯的一次出色广告。之后，幸存者相继站出来申请，但是克虏伯支付给每个人的数额变得日益单薄。它被降到七百五十美元，然后又降到五百美元。最后，还有一些苦役犯站出来申请，康采恩集团索性告知它不幸无法继续志愿支付：犹太人花去了太多的钱。

*

人们从不两次掉进同一个深渊。但是人们跌倒总是同一个方式，混合着可笑与恐惧。人们那样地不想再跌倒，人们于是努力支撑身体，人们发出喊叫。我们的手指被人用高跟鞋踩断，我们的牙齿被人用尖牙利嘴击碎，我们的眼睛被人腐蚀磨损。高高的房子围立在深渊边上。然而，大历史就在那里，公道的女神，她的雕像在节日广场[101]中央巍然不动，每一年，有人献上牡丹干花扎成的花圈，那是给她的贡品，每一天，有给鸟儿的面包，算是小费。

（完）

译注

1. 1933 年。本条和以下均为译者注明。

2. 斯普雷河（Spree River），德国的河流，全长 403 公里。流经德国萨克森自由州、勃兰登堡、柏林和捷克乌斯季州。在柏林河段，经过国会大厦。

3. 此处指德国国会大厦（Reichstagsgebäude），位于斯普雷河河畔。

4. 彭罗斯阶梯（Penrose stairs），著名的几何学悖论，由英国遗传学家列昂尼德·彭罗斯、数学家罗杰·彭罗斯父子于 1958 年提出，指的是一个始终向上或向下的无限循环的阶梯，它可以被视为彭罗斯三角形的一个变体，在这个阶梯上，永远无法找到最高的或最低的一点。

5. 阿尔伯特·沃格勒（Albert Vögler，1877—1945），德国政治人物，工业家，企业家。参与建立德意志人民党，并在第二次世界大战中领导军火生产。

6. 古斯塔夫·克虏伯（Gustav Krupp von Bohlen und Halbach），1870 年出生于荷兰海牙，1906 年娶克虏伯工业家族唯一的女继承人贝尔塔·克虏伯为妻，并在德国皇帝准许下把克虏伯加入自己的姓氏（Gustav Krupp von Bohlen und Halbach）。1909—1943 年领导克虏伯公司。曾多次投入大笔资金支持希特勒政权，在“二战”中克虏伯公司承担希特勒的军火生产任务，其工厂残酷使用战争囚犯。古斯塔夫·克虏伯曾被列入纽伦堡法庭第一批战犯名单，后因其身体状况（老年痴呆）而被撤诉。1950 年在奥地利维尔芬去世。

7. 此处西门子全名为弗雷德里希·卡尔·冯·西门子（Friedrich Carl von Simens，1877—1952）。工业家，“二战”时期领导西门子企业。

8. 威廉·冯·欧宝（Wilhelm von Opel，1871—1948）。德国欧宝汽车工业创始人之一。1933 年加入纳粹党，用资金大力支持党卫军，并被授予爱国者勋章。“二战”结束后受到审判。

9. 亚当·欧宝（Adam Opel，1837—1895），德国欧宝汽车工业公司创始人。威廉·冯·欧宝的父亲。“亚当·欧宝走出了母亲无法形容的怀抱”，此句直译是“亚当·欧宝从母亲不可预测的腹内走出”。作者特别有说明：此句有三重含义。第一重，“预测”“腹内”来自古罗马习俗，远古的人通过观察牲畜腹内内脏预测命运；第二重，“腹内”一词借用天主教中的说法（“万福玛丽亚”“尔胎子耶酥”）：第三重，欧宝家族的这位亚当·欧宝与圣经中第一人亚当同名。概而言之，古罗马典故和圣经中的颂圣之词是为隐喻欧宝家族的上升和发迹。

10. 施泰因博士（Dr Gerhart Stein，1910—1971），医生和种族理论家。1938 年，施泰因成为法兰克福遗传与种族卫生研究所成员，纳粹时期就职于帝国卫生办公室柏林种族卫生研究中心（RHF），他的理论被认为是纳粹从警察和行政歧视吉普赛人转向种族消灭的思想基础之一。

11. 安德烈亚·帕拉第奥（Andrea Palladio），1508 年 11 月 30 日生于意大利帕多瓦，1580 年 8 月 19 日死于维琴察，意大利文艺复兴时期的建筑师，著有《建筑四书》，在建筑史上影响深远。

12. 戈迪·马林维尔尼宫（Villa Godi Malinverni），安德烈亚·帕拉第奥设计建造的第一座小宫殿，1537 年开始建设，1542 年完成。

13. 此句出自《马太福音》6–13。

14. 斯芬克斯（Sphinx），人面狮身怪兽。斯芬克斯最初源于古埃及神话，也常见于西亚神话和古希腊神话，在各文明的神话中形象和含义都有不同。古埃及第四王朝的法老哈夫拉根据斯芬克斯的形象建造了一座石像，后世称为“狮身人面像”。

15. 法本公司（德语：I.G. Farben AG），全称“染料工业利益集团”（Interessen–Gemeinschaft Farbenindustrie AG），德国化工及制药综合企业，1925 年由若干自第一次世界大战起即有紧密合作关系的大型化工公司合并组成。全盛时期的法本公司为全欧洲最大的企业及世界最大的化工和制药企业。1951 年拆分为其原先四家最大的构成企业，现今其继承企业为爱克发、巴斯夫、拜耳和赛诺菲。

16. 奥古斯特·冯·芬克（August von Finck，1898—1980），德国银行家，保险巨头安联和私人银行默·芬克（Merck Finck & Co）创始人。在纳粹德国时期，芬克生意兴隆，借助德国兼并奥地利之机，没收了罗斯柴尔德设在维也纳的公司，卖给了默克芬克银行，得以扩张自己的资产。

17. 君特·匡特（Günther Quandt，1881—1954），德国工业家，他创建的工业帝国包括今天的宝马（BMW）和化工企业阿尔塔（Altana）集团。匡特自1931年起在政治上和资金上积极支持希特勒政权，在战争时期匡特的工业被誉为“国防工业的冠军”。

18. Führer，德语，意为“元首”。

19. 以上均为德国企业的名称。

20. 普塔（Ptah），古埃及孟斐斯地区的人们信仰的造物神，后演变为工匠与艺术家的保护者，形象为木乃伊。

21. 萨尔（Saar），是萨尔兰（德语：Saarland）的原名，德国西南部的一个联邦州。“一战”后，根据《凡尔赛和约》，“萨尔盆地地区”从德国划分出来归国际联盟管辖，实际由法国控制。1935年，并入德国。

22. 1937年4月26日，纳粹军队秃鹰军团四十四架飞机和意大利法西斯空军军团十三架飞机轰炸西班牙格尔尼卡，以支持民族主义分子发动的反对西班牙第二共和国的政变。

23. 爱德华·弗雷德里克·林德利·伍德，第一代哈利法克斯伯爵（Edward Frederick Lindley Wood, 1st Earl of Halifax，1881—1959），英国资深保守党政治家。1926年至1931年担任印度副王及总督，1938年至1940年任外务大臣，任内与时任首相内维尔·张伯伦等人对纳粹德国施行绥靖政策。

24. 绍尔夫海德（Schorfheide），柏林北部的森林，戈林的乡间别墅就在这片森林中。

25. 罗伯特·安东尼·艾登，第一代亚芬伯爵（Robert Anthony Eden, 1st Earl of Avon，1897年6月12日—1977年1月14日），英国政治家，第二次世界大战时担任外相，后于1950年代出任英国首相。

26. 贝希特斯加登（Berchtesgaden），德国巴伐利亚州东南部的阿尔卑斯山脚下的小镇，人口约八千。贝希特斯加登曾以希特勒在此地的"鹰巢"而闻名。

27. 斯坦利·鲍德温，布由德利的第一代鲍德温伯爵（Stanley Baldwin, 1st Earl Baldwin of Bewdley，1867—1947），英国保守党领袖，曾任财政大臣，三次出任英国首相。

28. 弗里德里希·威廉·约瑟夫·冯·谢林（Friedrich Wilhelm Joseph von Schelling，1775—1854），德国哲学家。在哲学史上，谢林是德国唯心主义发展中期的主要人物之一 。

29. 约翰·戈特弗里德·赫尔德（Johann Gottfried Herder，1744年8月25日—1803年12月18日），德国哲学家、路德派神学家、诗人。其作品《论语言的起源》（*Treatise on the Origin of Language*）成为浪漫主义狂飙运动的基础。

30. 约翰·戈特利布·费希特（Johann Gottlieb Fichte，1762—1814），德国哲学家。德国唯心主义哲学的主要奠基人之一，但在西方哲学史上的重要性被轻视。费希特往往被视为连接康德和黑格尔的过渡人物。费希特也涉足政治哲学，有一种观点认为他是德国国家主义之父。

31. 国会纵火案（德语：Der Reichstagsbrand）发生在 1933 年 2 月 27 日，是德国纳粹党建立专政独裁政权的关键事件。柏林消防队于晚上 9 时 14 分开始接到德国国会大楼火警报告。几处地点同时起火，当消防队到达时，议会大厅发生爆炸，燃起大火。警察搜索现场时，发现了失业建筑工人马里努斯·范·德·卢贝，他是荷兰共产党人。希特勒立即抓住这个机会宣布全国进入紧急状态，要求年事已高的总统兴登堡签署《国会纵火法令》，取消魏玛宪法赋予的大部分权利。

32. 达豪集中营，是纳粹德国建立的第一个集中营，三大中心集中营之一。位于德国南部巴伐利亚州达豪镇附近的一个废弃兵工厂，距离慕尼黑十六公里。1933 年 3 月 22 日达豪集中营建成启用。1945 年 4 月 29 日美军解放达豪集中营，同时发生达豪大屠杀。达豪集中营曾先后关押超过二十万人，其中三万二千人死亡。

33. “长刀之夜”（德语：Nacht der langen Messer）或“蜂鸟行动”（Operation Hummingbird），又称“血洗冲锋队”，德语中更多时候被称为“罗姆政变”（Röhm–Putsch），是 1934 年 6 月 30 日至 7 月 2 日发生在德国的清算行动，纳粹政权进行了一系列的政治处决，大多数死者为纳粹冲锋队成员。

34. 恩格尔伯特·陶尔斐斯（Engelbert Dollfuss，1892—1934），奥地利政治人物，基督社会党领导人，1932 年至 1934 年担任奥利地第一共和国总理。1934 年 7 月 25 日，在维也纳纳粹分子的一次劫持暴动中，在总理官邸遭到十名奥地利纳粹党成员绑架，然后被其中名叫 Otto Planetta 的纳粹分子开枪射伤后死亡。

35. 库尔特·许士尼格（Kurt Schuschnigg，1897—1977），原名库尔特·冯·许士尼格（Kurt von Schuschnigg），奥地利政治人物，1934 年接替被刺杀的恩格尔伯特·陶尔斐斯成为奥地利第一共和国的总理。

36. 弗朗茨·冯·帕彭（Franz von Papen），德国政治和外交人物，信奉天主教，1932 年担任德国总理。

37. 贝格霍夫（Berghof）是阿道夫·希特勒的一处行馆，元首总部之一，位于德国巴伐利亚阿尔卑斯山脉上萨尔茨堡山中。

38. 托尔夸托·塔索（Torquato Tasso，1544—1595），意大利 16 世纪诗人。作品有《里纳尔多》（1563 年）、《阿敏塔》（1573 年）、《被解放的耶路撒冷》（1581 年）等。塔索的作品对欧洲文学产生了重要的影响。

39. 奥托·爱德华·利奥波德·冯·俾斯麦（Otto Eduard Leopold von Bismarck，1815—1898），劳恩堡公爵，普鲁士王国首相（1862—1890），德意志帝国首任宰相。有“铁血宰相”之称。

40. 乌利希·弗里德里希·威廉·约阿希姆·冯·里宾特洛甫（Ulrich Friedrich Wilhelm Joachim von Ribbentrop，1893—1946），纳粹德国外交部长。战后，里宾特洛甫被英军抓获。1946 年 10 月 1 日，纽伦堡国际军事法庭判处纳粹战犯里宾特洛甫绞刑，十五天后受刑而死。

41. 阿图尔·赛斯－英夸特（Arthur Seyss-Inquart，1892—1946），奥地利纳粹党代表人物，奥地利第一共和国末代总理，在其仅有数日的任期内完成德奥合并，并担任纳粹德国东部边疆区（即奥地利）总督。第二次世界大战期间历任德占波兰南部行政长官、副总督，德占荷兰总督 。

42. 路易·苏特（Louis Soutter，1871—1942），瑞士艺术家、画家，出生于洛桑附近的莫尔日（Morges），在瓦洛尔布（Vallorbe）小镇附近不为人知的巴莱格（Ballaigues）老人院去世。苏特一生具有传奇色彩，他在老人院创作了大量绘画与素描，受到当时欧洲知名艺术家和文学家的高度评价。

43. 威廉·鲍德温·约翰·古斯塔夫·凯特尔（Wilhelm Bodewin Johann Gustav Keitel，1882 —1946），曾任德军最高统帅部参谋长、元帅。他是第二次世界大战中资历最老的德军指挥官之一，战后在纽伦堡审判中被判绞刑处死。

44. 威廉·米克拉斯（Wilhelm Miklas，1872—1956），奥地利第一共和国总统（1928—1938），基督教社会党党员。曾任帝国议会议员。

45. 安东·布鲁克纳（Anton Bruckner，1824 —1896），生于奥地利安斯菲尔登，逝于维也纳，奥地利著名作曲家、管风琴演奏家、音乐教育家。以创作交响曲、弥撒曲和经文歌而著称，被认为是德奥派浪漫主义最后阶段的代表人物。

46. 维也纳会议是 1814 年 9 月 18 日至 1815 年 6 月 9 日于奥地利

维也纳召开的外交会议。会议由奥地利政治家克莱门斯·文策尔·冯·梅特涅主持，主要目的是恢复拿破仑战争时期被推翻的欧洲封建秩序，战胜国重新分割领地，其结果是法国失去了之前征服的所有领土，普鲁士、奥地利和俄罗斯则获得了大片领土。

47. 夏尔·莫里斯·德·塔列朗－佩里戈尔（Charles Maurice de Talleyrand–Périgord，1754—1838），出身于贵族家庭，获得塔列朗王侯封号。法国主教、杰出的政治家和外交家。曾历经数届法国政府，担任等高等职务，如外交大臣、外交部长及其他外交要职。职业生涯跨越路易十六、法国大革命、拿破仑帝国、波旁复辟和奥尔良王朝时期。“塔列朗”通常被当作玩世不恭、擅长外交的代名词。

48. 克莱门斯·文策尔·冯·梅特涅（Klemens Wenzel von Metternich，1773—1859），出生于德意志，奥地利著名外交家。1809年开始任奥地利帝国外交大臣，1821年起兼任奥地利帝国首相。直至1848年革命爆发，被迫下野。他先是致力于缓和奥地利与法国的关系，包括促成了奥地利公主、女公爵玛丽·路易莎与拿破仑的婚姻。之后，他作为外相推动了奥地利加入第六次反法同盟，代表奥地利签署了枫丹白露条约，并流放拿破仑。梅特涅奉行均势外交，是“神圣同盟”和“四国同盟”的核心人物，他所构建的“梅特涅体系”对19世纪的欧洲国际关系产生了深远影响。

49. 威廉·富特文格勒（Wilhelm Furtwängler，1886—1954），德国指挥家、作曲家，被公认为20世纪最伟大的交响乐和歌剧指挥之一。他坚持邀请犹太音乐家在他的乐团中演奏。德奥合并后，富特文格勒反对纳粹关于“合并奥地利文化”的决定，但是，为求保存维也纳爱乐乐团，他在纳粹领导人在场的情况下，指挥了几次音乐会。这在战后为他招致了严厉的指责。

50. 阿图尔·尼基什（Artúr Nikisch，1855—1922），匈牙利著名指挥家。他被视为布鲁克纳、柴可夫斯基、贝多芬和李斯特作品的杰出指挥家。作曲家约翰内斯·勃拉姆斯曾称赞尼基什把他的第4交响曲演奏到“杰出、无以复加”的境地。

51. 克拉科夫（Kraków），全称克拉科夫皇家首都（Królewskie Stołeczne Miasto Kraków），波兰第二大城市，为小波兰省首府，也是波兰的旧都，在波兰历史上，克拉科夫自1038年起成为首都，直至1596年迁都华沙为止。克拉科夫曾是欧洲大陆对犹太人最开放的地区之一，“二战”期间被并入德国的“总督辖区”，五万五千名犹太居民被送进集中营。

52. 赫伯特·马歇尔·麦克卢汉（Herbert Marshall McLuhan，C.C.，1911—1980），加拿大著名哲学家、教育家，曾在大学教授英国文学、文学批判及传播理论，是现代传播理论的奠基者。

53. 德梅尔（Demel）甜品店和萨赫（Sacher）巧克力店都是当时奥地利维也纳最著名的店铺。萨赫巧克力店设在同名酒店内，由酒店创始人萨赫开创。

54. 《汉谟拉比法典》是古巴比伦第六代国王汉谟拉比颁布的一部法律，被认为是世界上最早的一部比较具有系统的法典，约公元前1772年颁布。

55. 贾德干爵士（Sir Alexander George Montagu Cadogan，1884—

1968），英国资深外交官，1934—1936 年任英国驻华大使，1938—1946 年任外交部常务次官，第二次世界大战后在 1946—1950 年出任首任英国常驻联合国代表。

56. 比尔·蒂尔登（Bill Tilden，1893—1953），美国网球运动员，被认为是最伟大的网球选手之一。

57. 奥维德（Ovid）是笔名，真名为普布利乌斯·奥威修斯·纳索（Publius Ovidius Naso，前 43 年—17 年 /18 年），古罗马诗人，与贺拉斯、卡图卢斯和维吉尔齐名。代表作《变形记》《爱的艺术》《爱情三论》。

58. 夏朗德（Charente），法国省名。

59. 吕西安·唐德雷（Lucien Tendret，1825—1896），法国律师，美食家。以美食知识渊博而著称，著有《布里亚 – 萨瓦兰的餐桌》（1892），布里亚·萨瓦兰是其伯父，该书主要介绍法国里昂菜肴。此处卢昂小母鸡来自小镇卢昂（Louhans）。卢昂位于法国东部，属于索恩 – 卢瓦尔省管辖，面积 22.58 平方公里，2015 年人口不到六千五百人。

60. 玛姆（Mumm）、波默里（Pommery）均为法国著名香槟酒品牌。

61. 《罗马帝王纪》（*L'Histoire Auguste*），一部用拉丁文写成的罗马帝王的传记书，完成于约公元 5 世纪末，自 17 世纪初以来被这样命名，其中有部分内容具有历史价值。

62. 乔治斯·奥古斯特·埃斯科菲耶（Georges Auguste Escoffier，1846—1935），法国名厨、美食作家，擅长传统法国烹饪方法，现代法国美食传奇式人物。

63. 康斯坦丁·冯·纽赖特男爵（Konstantin Freiherr von Neurath，1873—1956），德国外交官，政治人物，1932—1938 年担任德国外交部长；1939—1941 年担任波西米亚和摩拉维亚保护国总督。纽伦堡审判中，纽赖特被指控四项罪名皆成立，被判十五年徒刑。1954 年因病提早获释，1956 年于恩茨韦英根逝世。

64. 美泉宫（château de Schöbrunn），又译作申布伦宫，是座落在奥地利首都维也纳西南部的巴洛克艺术建筑，曾是神圣罗马帝国、奥地利帝国、奥匈帝国和哈布斯堡王朝家族的皇宫。1743 年，奥地利女皇玛丽娅·特蕾西娅下令在此营建气势磅礴的美泉宫和巴洛克式花园，总面积二万六千万平方米，仅次于法国的凡尔赛宫。

65. 金字塔战役的军刀（le sabre des Pyramides），指拿破仑出征埃及随身配带的军刀。1798 年 7 月 21 日，拿破仑率军进军开罗，击败统治埃及的马木留克军团，从敌兵手里夺取一把军刀，佩戴在身，他的将领们也跟从他佩戴此军刀。金字塔军刀在法国和维也纳博物馆都有收藏。

66. 蒂尔加滕公园，或称大蒂尔加滕公园（parc de Tiergarten），一座城市公园，位于德国首都柏林米特区下辖的蒂尔加滕区。公园总面积 2.1 平方公里，是德国第三大、柏林第二大市内公园。

67. 《新维也纳日报》（*Neues Wiener Tagblatt*），1867 年至 1945 年在维也纳出版的日报，是 1938 年以前奥地利发行量最高的报纸之一。

68. 波斯特林堡（Pöstlingberg），一座山的名字，位于林茨多瑙河左岸，海拔五百三十九米。

69. 苏萨（Suse，英语为 Susa）位于伊朗胡泽斯坦。1901 年，著名的《汉谟拉比法典》（现存于法国卢浮宫）在此出土。苏萨位于今日底格里斯河东边二百四十公里，是古代埃兰王国、波斯、帕提亚的重要都城。杜姆亚特（Damiette、Damiata 或 Domyat），是埃及杜姆亚特省省会，在开罗以北约二百公里地中海和尼罗河的交汇点。博比诺（Bobino），法国巴黎的演艺剧场，位于蒙巴纳斯，第 14 区。

70. 海因茨·威廉·古德里安（Heinz Wilhelm Guderian，1888—1954），“二战”中的德军陆军将领，最高军阶为上将。被称作“闪电战之父”和“世界装甲兵之父”。

71. 约翰·弗雷德里克·查尔斯·富勒（John Frederick Charles Fuller，1878—1966），出生于英国西萨塞克斯郡奇切斯特，英国军事理论家及历史学家，主要著作有《1919 计划》《战争科学基础》《装甲战》《西洋世界军事史》《亚历山大大帝的统帅艺术》《战争指导》。他也是探照灯的发明者。

72. 奥斯瓦尔德·埃尔纳德·莫斯利爵士（Sir Oswald Ernald Mosley，1896—1980），英国政治家，20 世纪 20 年代作为议会议员而闻名于世，后来在 30 年代成为英国法西斯联盟 BUF 领导人。

73. 北欧联盟（Nordic League，1935—1939），英国极右组织，

它试图担任各种极端主义运动的协调机构，与此同时促进纳粹主义的扩张。该联盟没有组织过任何公共活动。

74. 梅费尔（Mayfair）是伦敦西区的一个富裕地区，也是世界上最昂贵的地区之一。位于海德公园东边，威斯敏斯特市、牛津街、摄政街、皮卡迪利大街和柏丽巷之间。

75. 普罗佩提乌斯（Properce，生于公元前50年，卒年不详），古罗马屋大维统治时期的挽歌诗人之一，著有四卷本与之相关的文学著作。凭借诗歌而闻名于世，作品情感丰富，富于变化，在中世纪产生影响，现仅存残篇。

76. 卢坎（Marcus Annaeus Lucanus，英文称 Lucan，1939 年 11 月 3 日—1965 年 4 月 30 日），罗马诗人。最著名的作品是描述恺撒与庞培之间内战的史诗《法沙利亚》（*Pharsalia*）。这部史诗虽是未完成作品，却被誉为维吉尔《埃涅阿斯》之外最伟大的拉丁文史诗。

77. 忒欧克利托（Théocritus，约前 310—前 250），是古希腊著名诗人，学者。西方田园诗派的创始人。

78. 提诺 · 罗西（Tino Rossi，1907—1986），法国歌手，演员。

79. 本杰明 · 大卫 · “本尼” · 古德曼（Benjamin David “Benny” Goodman，1909—1986），美国著名单簧管演奏家，被誉为“摇摆乐之王”。

80. 德奥合并（Anschluss），是 1938 年 3 月 12 日纳粹德国与奥地利第一共和国组成大德意志的事件。

81. 《高卢战记》，恺撒著，记述其在高卢作战的经过。高卢之战是公元前 58 年至前 52 年间，罗马共和国对高卢众多部落发动的一系列战争，是恺撒为增强实力和威信所发动的远征。

82. 犯人头儿（德语 kapo），指纳粹集中营里某一种犯人，他们在食品和一些方面得到一点优待，同时要负责监视其他犯人。

83. 加来（Calais），位于法国最北部加来海峡省的城市。英吉利海峡中最狭窄的临多夫—加来海峡只有三十四公里宽，加来是距离英国最近的法国港口。

84. 古吉拉特邦（Gujarat），印度最西部的邦。

85. 本地治里市（Pondichéry），又译朋迪榭里市，或称本地治里地区，是印度本地治里联邦属地的四个组成地区之一，亦是该联邦属地的首府。本地治里市的居民除了说泰米尔语外，还会说法语和英语。此地经常可以看到路标上只有法文和英文，却没有泰米尔文的现象。

86. 潘乔·比利亚（Pancho Villa，1878—1923），是多罗特奥·阿兰哥（José Doroteo Arango Arámbula）的绰号，墨西哥 1910—1917 年革命时北方农民义军领袖。出身贫苦农民，1910 年，在奇瓦瓦州领导农民起义。1913 年，建立北方农民义军，参加推翻维克多瑞安诺·伍尔塔的斗争。1914 年，与萨帕塔占领首都墨西哥城。1915 年，撤出墨西哥城，1923 年，遭遇暗杀身亡。

87. 玛丽·斯图亚特（Marie Stuart），苏格兰女王玛丽一世（Mary, Queen of Scots；1542—1587），是苏格兰的统治者（在位时

间1542年12月14日—1567年7月14日)以及法国王后(1559年7月10日至1560年12月5日)。一生淫乱无度，充满悲剧色彩，也因此成为苏格兰君主中最有名的一位。

88. 多维尔(Deauville)又译多维勒，位处法国下诺曼底大区卡尔瓦多斯省，距首都巴黎两小时车程，是享誉法国的临海休闲度假小城，奢侈浮华。

89. 巴巴罗萨行动(Plan Barbarossa)是纳粹德国在第二次世界大战中发起进攻苏联的代号，整场作战在1941年6月22日展开，这个名称来自于神圣罗马帝国皇帝腓特烈一世的绰号“红胡子”。巴巴罗萨作战从1941年6月一直进行至12月以失败告终，德苏战争一直要到1945年5月苏联占领柏林才算正式结束。

90. “斯大林的管风琴”指的是苏军的“喀秋莎”大炮，这是德军对“喀秋莎”的叫法。因为其响声很特别，而且被装在卡车上运输，整排的运输线的画面很像教堂里的管风琴。

91. 阿尔弗雷德·冯·施里芬伯爵(Alfred Graf von Schlieffen，1833—1913)，德国陆军元帅，第一次世界大战前，阿尔弗雷德·冯·施里芬担任总参谋长期间(1891—1906)，德国总参谋部制定了一套作战方法，其主要目标为应付来自德国东西两面的两个敌国——俄国与法国的夹攻。由于计划过于理想化，实际实施过程中不得不修改而最终没能达成预定目标。

92. 此标题取自美国《音乐之声》的片名。该片由罗伯特·怀斯(Robert Rise)导演，1965年出品，获两项奥斯卡奖(最佳影片，最佳导演）。电影讲述1938年奥地利年轻的见习修女到退役的海军上校特拉普家中做家庭教师的故事。德军入侵奥地利，上校拒绝为纳粹服务，借参加歌曲大赛，带领全家越过阿尔卑斯山，逃脱纳粹统治。

93. 苏埃托尼乌斯（Suétone，拉丁文 Gaius Suetonius Tranquillus，约公元69或75年—公元130年之后），罗马帝国时期历史学家，属于骑士阶级。现存作品中最重要的是从恺撒到图密善的十二位皇帝的传记，即《罗马十二帝王纪》（*De Vita Caesarum*）。卡利古拉（Caligula），全名盖乌斯·尤利乌斯·恺撒·奥古斯都·日耳曼尼库斯（拉丁语：Gaius Julius Caesar Augustus Germanicus，12年—41年），罗马帝国第三任皇帝。卡利古拉是他自童年起的外号，意为“小军靴”，源于幼时随其父屯驻日耳曼前线时士兵为他穿上的儿童款军靴。卡利古拉被视为罗马帝国早期典型的暴君。

94. 这里指的是指《慕尼黑协定》（Munich Agreement）。1938年9月29日—9月30日英国、法国、德国、意大利四国首脑——张伯伦（首相）、达拉第（总理）、希特勒、墨索里尼——在德国的慕尼黑召开会议。英法为避免战争爆发，签署《慕尼黑协定》而牺牲捷克斯洛伐克的苏台德地区，出卖了未在场的捷克斯洛伐克的利益。

95. 爱德华·达拉第（Édouard Daladier，1884—1970），法国政治家，激进共和党人。1919年以激进党员身分当选众议员，1930年代两次短暂组阁。担任法国总理时，为避免战争而与德国签定《慕尼黑协定》。第二次世界大战法国被德国攻陷后被逮捕，被德国人囚禁至1945年。

96. 毕克罗寿（Picrochole）是法国小说家拉伯雷《巨人传》中的人物，国王毕克罗寿性情暴戾，充满报复欲，出于狭隘荒谬的私欲发动战争。“毕克罗寿”后被作为形容词，象征暴戾无常、荒谬和无意义的冲突。

97. T型十字架（croix de tau），又称安东尼十字架、Tau十字架或埃及十字架。《圣经旧约》《以西结书9:4》中上帝对以西结说：“你去走遍耶路撒冷全城，那些因城中所行可憎之事叹息哀哭的人，画记号在额上。”先知以西结曾经把这个符号画在信众的额头上，作为对他们的救赎。后世《圣经启示录》中也把T十字架当作一种被救赎的信徒的标志。

98. 玛格丽特·施特芬（Margarete Émilie Charlotte Steffin，1908—1941），德国演员，作家，多产的俄语和斯堪的纳维亚语言的翻译家，贝托尔特·布莱希特最亲密的合作者之一。

99. 罗伯托·罗塞里尼（Roberto Rossellini，1906—1977），生于意大利罗马，导演、编剧和电影制片人，意大利影坛艺术新写实主义的重要成员之一。

100. 共同市场（Marché commun），亦称欧洲共同市场，欧洲联盟的前身，成立于20世纪50年代。

101. 节日广场（la place des Fêtes），这里指西方大城市通常用来举行大型集会纪念或欢庆活动的公共广场。

图书在版编目（CIP）数据

议程 / (法) 埃里克·维亚尔著 ; 孟湄译 . -- 北京 : 中信出版社 , 2019.5
ISBN 978-7-5217-0181-4

Ⅰ . ①议… Ⅱ . ①埃… ②孟… Ⅲ . ①第二次世界大战—史料 Ⅳ . ① K152

中国版本图书馆 CIP 数据核字 (2019) 第 041938 号

Originally published in France as:
L'ordre du jour by Eric Vuillard

Current Chinese translation rights arranged through Divas International, Paris
巴黎迪法国际版权代理

议程

著　　者：[法]埃里克·维亚尔
译　　者：孟湄
出版发行：中信出版集团股份有限公司
（北京市朝阳区惠新东街甲4号富盛大厦2座　邮编　100029）
承 印 者：北京通州皇家印刷厂

开　　本：880mm × 1230mm　1/32　　印　　张：6.25　　字　　数：66千字
版　　次：2019年5月第1版　　印　　次：2019年5月第1次印刷
京权图字：01-2019-0074　　广告经营许可证：京朝工商广字第8087号
书　　号：ISBN 978-7-5217-0181-4
定　　价：42.00元

服务热线：400-600-8099
投稿邮箱：author@citicpub.com